FRENCH

FOR THE

HUMANITIES

FRENCH

FOR THE

HUMANITIES

Edited by
COLETTE BRICHANT
University of California, Los Angeles

PRENTICE-HALL, INC., Englewood Cliffs, New Jersey

Prentice-Hall International, Inc., *London*
Prentice-Hall of Australia, Pty. Ltd., *Sydney*
Prentice-Hall of Canada, Ltd., *Toronto*
Prentice-Hall of India Private Ltd., *New Delhi*
Prentice-Hall of Japan, Inc., *Tokyo*

Library of Congress Catalog Card No.: 68-10214

Current printing (last digit)

15

Printed in the United States of America

PREFACE

This book is planned for the student whose primary objective is to acquire a reading knowledge of French. More specifically, it is designed for the person who wants to read material dealing with the humanities, such as the fields you will find listed on the front cover.

This textbook is divided into two parts: translation and reading. In the first part, sentences for translation are arranged following the order in which the elements of the language are presented in *French Grammar: The Key to Reading* (Prentice-Hall, 1968). Though we begin at the easiest level (*Le lion est un animal*), we gradually rise to the level of standard contemporary French prose. Since one of the major difficulties in any foreign language is the acquisition of vocabulary, all words used in the translations are given in the end vocabulary. In the footnotes, we have clarified certain difficulties (la mère: *mother;* la mer: *sea*) and have warned against the ever-present danger of false cognates (la lecture: *reading;* la conférence: *lecture, conference*).

We strongly urge you to use this text simultaneously with *French Grammar: The Key to Reading*, a brief, to-the-point handbook. Study two or three paragraphs in the grammar book, then turn to the sentences for translation. The word "grammar" might sound forbidding to some, but it should not be so. If you study only one hour a day, within a few weeks our progressive course can lead you to understand the essential structures of the language.

In the second half of the book we offer a few selections from the writings of modern French scholars and authors. These selections will give you an opportunity to read typical French prose. They will also give you an idea of the kind of passage that is normally used in graduate language examinations, such as, for example, the examinations prepared by the Educational Testing Service. Throughout the selections we have tried to clarify most of the difficulties with footnotes and cross-references to the grammar.

It is our hope that these books will achieve a twofold result: first, that they will help you meet your graduate language requirement; second, that they will lead you to know and enjoy French.

C.B.

CONTENTS

FRENCH

FOR THE

HUMANITIES

☞ TRANSLATION ☜

1. Le lion est un animal.*

2. L'Amérique est un[1] continent.

3. Descartes est un philosophe.

4. L'astronomie est une science.

5. *Hamlet* est une tragédie.

6. Shakespeare est un auteur.

7. Shakespeare est l'auteur de *Hamlet*.

8. L'Université de Paris est importante.

9. *Le Bourgeois Gentilhomme* est une comédie.

10. *Le Bourgeois Gentilhomme* est une comédie de Molière.

11. Le latin[2] est une langue ancienne.[3]

12. Le français est une langue moderne.

13. La télévision est une invention récente.

14. La classe de français est facile.

15. J'ai un livre intéressant.

16. Il a un livre de sociologie.

17. Vous avez un livre de français.

18. Elle a un talent extraordinaire.

19. Le docteur Dupont est remarquable.

20. Le Mississippi est une rivière.

21. La Seine est une rivière.

22. Paris est la capitale de la France.

23. Nous avons une classe de philosophie; elle est intéressante.

24. J'ai un professeur de français.

25. Je suis un étudiant à l'université.

26. L'étudiant et le professeur ont un dictionnaire de français.

27. Vous avez un livre de français; il est facile.

---

* GRAMMAR §§1.1–1.8. (See Preface.)
[1] **un, une:** a, an.
[2] Note that the French do not capitalize the names of languages or nationalities (when used adjectivally). Cf. **le français:** French (language); **français, -e:** French. *But* **le Français, la Française:** Frenchman, French woman.
[3] **ancien, ancienne:** old, ancient. Note that the adjective usually follows the noun that it modifies.

3

28. Vous êtes un Américain.
29. Nous sommes les étudiants de la classe de français.
30. Il y a[4] une université à Strasbourg.
31. Il y a dix étudiants dans la classe de français.
32. Le livre de français est facile.
33. A Paris il y a une cathédrale ancienne.
34. À l'université il y a une bibliothèque importante.
35. Il y a un dictionnaire dans la classe.
36. L'étudiant a un dictionnaire.
37. Elle a un livre de français.
38. Nous sommes dans la classe.
39. La Tour[5] Eiffel est à Paris.
40. Je suis fatigué. Et vous?

1. J'ai un livre de français.*
2. Paul a un bon dictionnaire.
3. J'ai des frères et des sœurs.
4. A Paris il y a des bâtiments modernes.
5. L'étudiant fait des fautes.
6. La princesse a des bijoux merveilleux.
7. Baudelaire est un grand poète français.
8. A Tours il y a un château ancien.
9. A Lyon il y a une université importante.
10. Mon ami a une petite auto européenne.
11. *Le Monde* est un bon journal.[1]
12. *Le Monde* est un bon journal français.
13. Monet est un grand peintre impressionniste.
14. Je lis des journaux américains et des journaux français.
15. A la bibliothèque, il y a des journaux français, allemands et russes.
16. La cathédrale Notre-Dame a des vitraux anciens.
17. Nous lisons le premier chapitre de ce livre.

---

[4] **il y a:** there is, there are (*lit.*, it has there). See §1.8.
[5] **la tour:** tower. (Cf. **le tour:** turn, tour (depending on context); **tourner:** to turn.]

* GRAMMAR §§2.1–2.13; 2.24.
[1] **le journal;** (*pl.*) **les journaux:** newspaper; journal (*depending on context*). [Cf. **le jour:** day.]

4

18. Le premier chapitre est facile mais le dernier chapitre est difficile. *The first chapter is easy but the last chapter is difficult.*

19. Cette petite fille est gentille.[2] *This girl is very nice.*

20. Les yeux de ce bébé sont bleus. *The eyes of this baby are blue.*

21. Le cheval est un bel animal. *The horse is a beautiful animal.*

22. Cette description est précise. *This description is exact.*

23. Les descriptions de Balzac sont précises et pittoresques. *The descriptions of Balzac are exact and colorful.*

24. Le dernier acte de cette comédie est amusant. *The last act of this comedy is amusing.*

25. Ce capitaine entreprend un long voyage. *This captain is undertaking a long journey.*

26. Victor Hugo est un grand poète romantique. *Victor Hugo is a great romantic poet.*

27. Les vitraux anciens ont une valeur[3] inestimable. *The ancient stain glass windows are invaluable.*

28. La première réponse est juste,[4] mais la dernière réponse est fausse. *The first answer is correct but the last answer is wrong.*

29. Les travaux[5] de Pasteur sont remarquables. *The achievements of Pasteur are remarkable.*

30. Cet homme est actif. *This man is active.*

31. La réaction de cet enfant est naturelle. *The reaction of this child is natural.*

32. Le travail de ces artistes est admirable. *The work of these artists is admirable.*

33. Le professeur Brun a une jolie[6] petite statue grecque. *Professeur Brun has a pretty small Greek statue.*

34. La Place de l'Etoile[7] est une place publique à Paris. *is a public place in Paris.*

35. Les couleurs de ces peintures sont pures et fraîches. *The colors of the painter's are pure and fresh.*

36. Les étudiants lisent un long poème latin. *The students reading long latin poem.*

37. Ces vieux tableaux[8] sont précieux. *These old paintings are precious.*

38. Les étudiants comprennent[9] cet article. *The students understand this article.*

39. Les enfants font des fautes et les parents aussi. *The children make mistakes and the parents also.*

40. Nous faisons des progrès. *We are making progress.*

1. J'ai mon livre de français.* *I have my french book.*
2. Je lis mon journal. *I read my newspaper.*

---

[2] **gentil, gentille:** nice.
[3] **la valeur:** value; valor (*depending on context*).
[4] **juste:** just, fair, right, correct (*depending on context*).
[5] **le travail:** work; (*pl.*) **les travaux:** labors; works, achievements. See §2.11.
[6] **joli, -e:** pretty.
[7] **l'étoile:** (*f.*) star. The famous *Place de l'Etoile* is star shaped. (Note that the French usually do not use accents on capital letters.)
[8] **le tableau;** (*pl.*) **les tableaux:** painting.
[9] **comprendre:** to understand; to include (*depending on context*). See §2.24.

* GRAMMAR §§2.14–2.23.

5

3. Il apprend sa leçon.
He's learning his lesson

4. Elle fait son travail.
she is doing her work

5. Nous faisons notre travail.
We are doing our work

6. L'enfant fait son travail à l'école.
The child does his schoolwork

7. Il prend son chapeau.
He takes his hat

8. Les étudiants ont leurs livres.
The students have their books

9. Le Président de la République a son avion privé.
The President of the Republic has his private plane

10. Paris est une ville plus grande que Marseille.
Paris is a larger city than Marseille

11. Le train est moins rapide que l'avion.
The train is slower than the airplane

12. Ce roman[1] est plus intéressant que l'autre.
This novel is more interesting than the other

13. Ma maison est plus moderne que la maison de mes cousins.
My house is more modern than my cousin's house

14. Le français est aussi difficile que[2] l'anglais.
French is as difficult as English

15. Le Mississippi est plus long que la Seine.
The Mississ. is longer than the Seine

16. Le Louvre est plus ancien que la Tour Eiffel.
The Louvre is older than the Eiffel tower

17. Le professeur lit plus rapidement que les étudiants.
The professor reads faster than the students

18. J'ai plus de cent[3] livres.
I have more than 100 books

19. Je travaille de plus en plus[4] et je suis de plus en plus fatigué.
I work more and more and I am more and more tired

20. Le professeur a autant de travail que les étudiants.
The professor has as much work as the students

21. Plus je lis ce livre, plus il est intéressant.
The more I read this book, the more interesting it is

22. Le professeur comprend bien le français.
The prof. understands French well

23. Le professeur comprend mieux que les étudiants.
the prof. understands better than the students

24. La petite fille a sa plus belle robe.[5]
The little girl has her prettiest dress

25. La rose est la fleur la plus belle.
The rose is the most beautiful flower

26. Les vins français sont meilleurs que les vins américains.
French wines are better than American wines

27. Mon ami va bien.[6]
My friend is doing well

28. Ce malade va mieux.
This patient is doing better

29. *L'Etranger* est le meilleur roman de Camus.
The Stranger is Camus best novel

30. Les Etats-Unis sont plus industrialisés que le Canada.
The United States has more industry than Canada

31. La guerre est la pire calamité.
War is the worst calamity

32. Les leçons sont de plus en plus longues.
The lessons are longer and longer

33. Je comprends le français de mieux en mieux.
I understand French better and better

34. Le chien est le meilleur ami de l'homme.
Dog is man's best friend

35. Le diamant est la pierre la plus précieuse.
The diamond is the most precious stone

36. L'or est le métal le plus rare et le plus précieux.
Gold is the rarest and the most precious metal

37. La charité est la plus grande vertu humaine.
charity is the greatest human virtue

---

[1] **le roman:** novel.
[2] **aussi . . . que:** as . . . as. See §2.17. [Cf. **aussi:** also.]
[3] **cent:** hundred. [Cf. English *century*, *cent* (*1/100 of a dollar*).]
[4] **de plus en plus:** more and more. See §2.20.
[5] **la robe:** dress.
[6] **aller bien:** to be well.

38. Le Mont-Blanc est la plus haute montagne d'Europe.
Mont-Blanc is the highest mountain in Europe
39. Les Français ont moins d'automobiles que les Américains.
The French have fewer cars than Americans
40. Les vins de France sont les meilleurs.
French wines are the best.

22

1. Le professeur parle.*
The Professor speaks
2. Les étudiants étudient.
The students study
3. Nous travaillons.
we work
4. Le professeur explique la leçon.
The Professor explains the lesson
5. Je finis mon travail.
I finish my work
6. Le docteur examine le malade.
The doctor examines the patient
7. L'enfant joue avec ses amis.
The child plays with his friends
8. Chaque¹ jour le train arrive² à cinq heures.³
Every day the train arrives at five o'clock.
9. Chaque jour j'étudie le français.
Every day I study French
10. Je vais à l'université chaque jour.
I go to the university every day.
11. Les étudiants discutent les nouvelles internationales.
The students debate international news
12. J'étudie le français pendant une heure chaque matin.
I study French for one hour every morning.
13. Mon ami est à Paris.
My friend is in Paris
14. Mon ami est à Paris depuis un mois.
My friend has been in Paris for a month
15. J'étudie le français depuis un mois.
I have been studying French for a month
16. L'enfant mange sa soupe.
The child is eating
17. Chaque jour je dîne avec mes amis.
Every day I eat with my friends
18. Il adore la musique.
He loves music.
19. J'admire cet artiste.
I admire this artist
20. Le professeur parle depuis une heure.
The professor has been speaking for a hr.
21. Nous étudions depuis deux heures.
We have studied for 2 hours.
22. Les enfants aiment le chocolat.
The children love the chocolate.
23. Nous allons à l'université chaque jour.
We go to the university every day.
24. Il vient à dix heures.
He is coming at 10 o'clock.
25. Mes amis vont à Paris mais je reste⁴ à New York.
My friends are going to Paris but they stopped in New York
26. Notre classe de français commence à onze heures.
Our French class begins at 11 o'clock.

* GRAMMAR §§3.1–3.9.
¹ **chaque**: each, every. [Cf. **chacun, chacune**: each one, every one.]
² **arriver**: to arrive; to happen (*depending on context*).
³ **cinq heures**: five o'clock. [Cf. **l'heure**: (*f.*) hour.]
⁴ **rester**: to stay, to remain. [Cf. **se reposer**: to rest.]

27. Notre professeur va arriver.
Our professor is going to arrive
28. Je vais acheter un livre.
I am going to buy a book.
29. La conférence⁵ va commencer.
The Lecture is going to begin
30. La conférence va bientôt commencer.
The conference will soon begin
31. Je vais lire le journal.
I am going to read this book
32. Ils vont acheter une automobile.
They are going to buy a car
33. Le professeur vient d'expliquer⁶ la leçon.
The professor explained the lesson
34. Les étudiants vont traduire ce chapitre.
The students are going to translate this chapter.
35. L'orchestre va jouer la «Marseillaise».
The Orchestra is going to play "Marseillaise"
36. Mon ami vient de passer son examen.
My friend has just passed his exam
37. L'avion vient d'arriver.
The airplane just arrived
38. Je viens de voir un film excellent.
I saw an excellent film
39. Il va aller à Paris le mois prochain.⁷
They are going to Paris next month
40. Je viens d'étudier et je suis fatigué.
I just studied and I am tired.

1. Il a fini.*
He is finished
2. Elle a acheté une maison.
She bought a house
3. Nous avons étudié notre leçon.
We have studied our lesson
4. Le président a examiné la situation avec attention.
The president examined the situation with attention
5. Hier j'ai vu mon vieil ami Paul.
Yesterday I saw my old friend Paul
6. Debussy a composé l'opéra *Pelléas et Mélisande*.
Debussy composed the opera Pelleas and Mélisande.
7. Ce matin j'ai envoyé une carte postale à mes cousins.
This morning I mailed a post card to my cousins.
8. L'orchestre a joué l'ouverture de *Carmen*.
The orchestra played the overture to Carmen
9. Les étudiants ont lu les premiers chapitres de ce livre.
The students read the first chapters of this novel.
10. Hier j'ai vu un film italien.
Yesterday I saw an Italian film
11. J'ai relu ma leçon avant l'examen.
reread my lesson before the exam.
12. Il a ouvert la porte.
He opened the door
13. Christophe Colomb a découvert l'Amérique.
Christopher Columbus discovered America.
14. Il a pris le dictionnaire.
He took the dictionary
15. Ils ont appris leur leçon.
They learned their lesson
16. J'ai fait une faute dans mon exercice.
I made a mistake in my exercise.

---

⁵ **la conférence:** conference; lecture (*depending on context*). [Cf. **la lecture:** reading.]
⁶ See §3.9.
⁷ **prochain, -e:** next. [Cf. **proche:** near.]

* GRAMMAR §§3.10–3.15.

17. L'armée a soumis les rebelles.
The army subdued the rebels.
18. La secrétaire a mis les lettres sur le bureau.[1]
The secretary put the letters on the desk.
19. J'ai lu le journal et j'ai appris la nouvelle.[2]
I read the newspaper and I learned the news.
20. Les archéologues ont découvert une ville phénicienne.
The archeologists discovered a Phoenician village.
21. J'ai donné un train électrique à mon petit frère.
I gave an electric train to my little brother.
22. Cette chanteuse a chanté à l'Opéra de Paris.
This singer sang in the Paris opera.
23. Mon ami a terminé ses études.
My friend finished his studies.
24. J'ai pris des photographies pendant mon voyage.
I took photographs during my trip.
25. Les deux présidents ont signé le traité.
The two presidents signed the treaty.
26. Les voyageurs ont admiré les beaux vases grecs.
The travelers admired the beautiful Greek vases.
27. Il a fait des fautes et il a refait son travail.
He made mistakes and he redid his work.
28. Ouvrez votre livre et étudiez.
Open your book and study.
29. J'ai mis les papiers dans mon sac.[3]
I put the papers in my bag.
30. La vieille dame a donné sa fortune à ses amis.
The old woman gave her fortune to her friends.
31. Relisez les premiers chapitres de ce livre.
Reread the first chapters of this book.
32. Répétez les verbes irréguliers chaque jour.
Repeat the irregular verbs every day.
33. Marchons plus vite.
Walk faster.
34. Elle a accepté l'invitation.
She accepted the invitation.
35. Les étudiants ont fait des progrès.
The students made progress.
36. La secrétaire a relu sa lettre et elle a corrigé ses fautes.
The secretary reread his letter and she corrected the errors.
37. Nous avons pris des photographies en couleur.
We took the photographs in color.
38. Le médecin[4] a donné des explications intéressantes.
The doctor gave interesting explanations.
39. Le président a pris une grande décision.
The president made a big decision.
40. J'ai fini mon travail; allons au cinéma.
I finished my work; go to the movies.

⊒⊒

1. La Tour Eiffel est à Paris.*
The Eiffel Tower is in Paris.
2. Il étudie à la bibliothèque de l'université.
He is studying in the library of the university.
3. J'ai parlé à mon ami.
I spoke to my friend.
4. J'ai parlé au frère de mon ami.
I spoke to brother about my friend.
5. J'arrive au bureau à huit heures du matin.
I arrive at the office at eight o'clock in the morning.

---

[1] **le bureau:** desk; office (*depending on context*).
[2] **la nouvelle:** (piece of) news. [Cf. **nouveau, nouvelle:** new. See §2.7.]
[3] **le sac:** bag.
[4] **le médecin:** doctor. [Cf. **le médicament:** medicine; **la médicine:** (science of) medicine.]

* GRAMMAR §§4.1–4.10.

6. Il est dans la salle à manger.
He is in the dining room.
7. Nous avons une machine à calculer[1] au bureau.
We have a calculating machine at the office.
8. La Vénus de Milo est au Louvre.
The Vénus de Milo is in the Louvre.
9. Voici la maison de mes cousins.
Here is my cousins house.
10. J'ai acheté des gâteaux.
I bought some cakes.
11. Je n'ai pas de cigarettes.
I don't any.
12. J'ai des lettres à écrire.
I have letters to write.
* 13. Nous avons du travail à faire.
We have some work to do.
14. Il y a beaucoup d'étudiants à la bibliothèque.
There are many students in the library.
15. Elle fait beaucoup de fautes.
She makes many mistakes.
16. J'ai acheté ce papier à lettres au magasin.[2]
I bought this notepaper in the store.
17. Ces vêtements sont importés d'Angleterre.
These clothes are imports from England.
18. Ma sœur n'a pas de patience.
My sister doesn't have patience.
19. Les Français boivent du vin à table.
The French drink wine at the table.
20. La France produit énormément de vin.
France produces enormous wine.
21. Le musée du Louvre est le plus grand musée du monde.
The Louvre museum is the biggest museum in the world.
22. J'ai lu plusieurs livres de Gide.
I have read several novels of Gide.
23. Ce docteur a peu de clients.[3]
This doctor has few patients.
24. Cet étudiant a fait trop de fautes.
This student made many mistakes.
25. Il a offert une douzaine de roses à sa femme.
He offered a dozen roses to his wife.
26. J'ai bu une tasse de café au restaurant.
I drank a cup of coffee in the restaurant.
27. *Tristan et Iseult* est une histoire[4] d'amour célèbre.
Tristan and Iseut is a famous love story.
28. J'ai énormément de difficultés à comprendre ce texte.
I have enormous difficulties in understanding this text.
29. Le professeur a posé quelques questions aux étudiants.
The professor posed a few questions to the students.
30. Il y a de beaux arbres dans cette forêt.
There are beautiful trees in this forest.
31. J'ai pris plusieurs photos de la cathédrale.
I took several photos of my cathedral.
32. Cette femme illustre des livres d'enfants.
This woman illustrates children's books.
33. Ce musée a une riche collection de tableaux du XVIIIᵉ (dix-huitième) siècle.
This museum has a rich collection of 18 century paintings.
34. Nous avons admiré une statue de marbre du temps[5] de Périclès.
We admired a marble statue from the era of Pericles.
35. L'acteur a récité le poème de mémoire.
The actor recited the poem from memory.
36. Le roi est mort de vieillesse.
The King is dead of old age.
37. Peu de livres sont aussi célèbres que les *Essais* de Montaigne.
Few books are also as famous as the Essays of Montaign.
38. Alexis de Tocqueville n'a pas écrit de romans; il a écrit des études historiques et politiques.
Alexis de Tocqueville did not write novels, he wrote studies of history and politics.

---

[1] **la machine à calculer**: calculating machine. See §4.3.
[2] **le magasin**: store. [Cf. **la revue**: magazine.]
[3] **le client**: patron, customer; patient; client (*depending on context*).
[4] **l'histoire**: (*f.*) history; story (*depending on context*).
[5] **le temps**: time, era; weather (*depending on context*). [Cf. **quel temps fait-il?**: how's the weather?, what's it doing out? (§13.17); **quelle heure est-il?**: what time is it?]

39. Les phrases[6] de Proust sont difficiles à comprendre.

40. Le style d'une lettre d'affaires[7] est facile à comprendre.

✗ 41. L'université vient d'acheter une machine à calculer perfectionnée.

42. La France produit beaucoup de tissus[8] de soie.

43. Les enfants aiment les histoires d'aventures.

44. Nous faisons des exercices de traduction dans notre classe de français.

45. Nous avons quelques difficultés mais nous faisons des progrès.

1. Qui est ici?*

2. Que désirez-vous?

3. Que cherchez-vous?

4. Où[1] va-t-il?

5. Quel livre préférez-vous?

6. Qui a écrit cet article?

7. Dans quel livre avez-vous trouvé ce renseignement?

8. Quand Louis XIV (quatorze) a-t-il décidé de construire le palais de Versailles?

9. Il y a deux solutions possibles. Laquelle préférez-vous?

10. Le professeur a-t-il expliqué cette leçon?

11. Le téléphone a-t-il sonné pendant mon absence?

12. Avec qui avez-vous parlé pendant le voyage?

13. Laquelle des deux sœurs va-t-il épouser?

14. Combien d'autos y a-t-il à New York?

15. A quoi pensent les étudiants pendant les classes?

16. Est-ce que vous avez fini maintenant?

17. Où Christophe Colomb a-t-il débarqué?

18. Comment les oiseaux trouvent-ils leur direction?

19. Avec quoi l'artiste a-t-il fait ce tableau?

20. Ceci est-il vrai?

---

[6] **la phrase:** sentence.

[7] **l'affaire:** (*f.*) business deal; (*pl.*) business. [Cf. **les affaires sont les affaires:** business is business.]

[8] **le tissu:** material, cloth, fabric.

* Grammar §§4.11–4.14.

[1] **où:** where. [Cf. **ou:** or.]

21. Les diplomates ont-ils enfin trouvé une solution au problème?
22. Vos amis sont-ils encore à Paris?
23. Quel pays extraordinaire!
24. Quand le courrier va-t-il arriver?
25. Pourquoi achetez-vous ce journal?
26. Avez-vous lu cet article?
27. Où y a-t-il des journaux étrangers?[2]
28. A quel théâtre cet acteur joue-t-il?
29. Pourquoi avez-vous écrit cette lettre?
30. Combien d'années a-t-il étudié le violon?
31. Qu'a écrit cet auteur?
32. Où le traité a-t-il été signé?
33. Que faites-vous quand vous êtes seul?
34. Le professeur va-t-il expliquer la leçon V (cinq) aujourd'hui?
35. La leçon IV (quatre) n'est pas difficile, n'est-ce pas?[3]

1. On parle le français et l'anglais à Montréal.*
2. Un proverbe français dit: quand on veut on peut.
3. On dit que les châteaux de la Loire sont très beaux.
4. Connaissez-vous Monsieur Dupont? Oui, je le connais bien.
5. Aimez-vous les films italiens? Oui, je les aime beaucoup.
6. Avez-vous lu le journal? Oui, je l'ai lu.
7. Monsieur Dubois est-il français? Oui, il l'est.
8. Les livres d'art sont-ils chers?[1] Oui, ils le sont.
9. Ce tableau a une grande valeur; le voyez-vous?
10. Connaissez-vous Madame Lebrun? Je la connais depuis dix ans.
11. Prenez ces livres; je les ai déjà lus.
12. Avez-vous entendu l'opéra *Carmen?* Oui, je l'ai entendu deux fois.
13. Connaissez-vous les œuvres de Rousseau? Je les connais un peu.
14. Voyez-vous la différence entre ces deux couleurs? Oui, je la vois.

---

[2] **étranger, étrangère:** foreign. [Cf. **l'étranger, l'étrangère:** stranger; foreigner; **étrange, bizarre:** strange, odd.]
[3] Note that **n'est-ce pas?** has numerous possible translations depending on context. See §4.14.
* GRAMMAR §§5.1–5.8.
[1] **cher, chère:** dear; expensive (*depending on context*).

15. Cette signature est lisible; je peux la lire.
16. Cet article est intéressant; lisez-le.
17. Etudiez-vous le français? Je l'étudie depuis un mois.
18. Aimez-vous la voix de Maria Callas? Oui, je l'aime beaucoup.
19. Ce monsieur est-il le directeur? Oui, il l'est.
20. Pouvez-vous comprendre ce texte? Oui, je le peux.
21. Les étudiants peuvent-ils comprendre ce texte? Oui, ils le peuvent.
22. Je vois mon ami Paul chaque jour; je le vois à l'université.
23. Cette femme a beaucoup de courage; nous l'admirons beaucoup.
24. Cet homme est millionnaire. Il est plus riche que vous le pensez.
25. La porte² est ouverte. Fermez-la.

1. Votre ami est-il à Paris? Oui, il y est.*
2. Allez-vous chaque jour à l'université? Oui, j'y vais chaque jour.
3. Les étudiants pensent-ils à leurs études? Oui, ils y pensent.
4. Ecoutez la question et répondez-y.
5. Votre auto est-elle dans le garage? Oui, elle y est.
6. Le mot «pipe-line» est dans les dictionnaires français. Il y est depuis le XIXᵉ (dix-neuvième) siècle.
7. Je vois mon ami Pierre à l'université. Je lui parle chaque jour.
8. Quand je vois mes amis, je leur dis bonjour et je leur parle.
9. Le professeur nous explique la leçon, puis il nous pose des questions. Nous lui répondons le mieux possible.
10. Le jour de l'examen, le professeur nous pose beaucoup de questions.
11. J'ai parlé à Marie hier. Je lui ai téléphoné à cinq heures du soir.
12. Cet enfant a été insolent mais ses parents lui ont pardonné.
13. Il y a des monuments anciens à Paris; il y en a beaucoup.
14. Il y a des monuments romains à Paris; il y en a quelques-uns.
15. Nous achetons du papier quand nous en avons besoin.
16. Notre professeur nous parle de l'histoire de la France. Il nous en parle souvent.

---

² **la porte:** door. [Cf. **le port:** port, harbor.]

* GRAMMAR §§5.9–5.20.

17. Le célèbre portrait de *La Joconde*[1] par Léonard de Vinci est au Louvre. J'en suis sûr;[2] je l'ai vu.
18. J'ai deux dictionnaires. Je peux vous en donner un.
19. Vous avez passé votre examen avec succès. Très bien! J'en suis content.[3]
20. Quand cet enfant voit des bonbons au chocolat, il en veut.
21. A Paris il y a beaucoup d'étudiants étrangers. On en voit beaucoup.
22. Si mes amis ont besoin d'argent je leur en donne.
23. Le problème de la liberté m'intéresse.
24. Quand nous commençons une nouvelle leçon, le professeur nous l'explique.
25. Mes professeurs me donnent du travail. Ils m'en donnent beaucoup.
26. Il y a des fautes dans cet exercice. Il y en a plusieurs.
27. Mon frère et moi, nous avons fait un beau voyage.
28. Lisez cette lettre; elle est pour vous.
29. Ce journal est pour mon ami. Je vais le lui donner.
30. Si vous avez du papier à lettres, donnez-m'en.
31. La bibliothèque ferme à dix heures du soir. On me l'a dit. J'en suis sûr.
32. Je connais cet homme. Je l'ai vu et je lui ai parlé plusieurs fois.
33. Ces papiers sont à moi. Donnez-les-moi immédiatement.
34. Ce café est très bon. Buvez-en une tasse.
35. Cette leçon est finie. J'en suis content!
36. Etudiez les pronoms. Répétez-les. Lisez les phrases. Relisez-les plusieurs fois. La leçon sur les pronoms est la leçon la plus difficile du livre. Etudiez-la bien et bon courage.

1. Le matin, je me lève à huit heures.*
2. Les enfants se couchent à neuf heures.
3. Je me lève quand une dame arrive.

---

[1] *la **Joconde:*** the Mona Lisa.
[2] **sûr, -e:** sure, certain. [Cf. **sur:** on, upon.]
[3] **content, -e:** glad, happy.

* **GRAMMAR** §§6.1–6.5. Note that reflexive verbs correspond to a variety of English words and constructions. See §§6.1–6.7.

4. Je me repose quand je suis à la maison.
5. Il se fatigue quand il travaille beaucoup.
6. Dans ma famille, on se réunit[1] chaque année pour Noël.
7. On se repose à la fin de la journée.
8. Ces deux frères se disputent souvent.
9. Les étudiants se parlent après la classe.
10. Mon ami et moi nous nous voyons souvent au restaurant.
11. Pierre et Jeanne se connaissent bien. Ils s'aiment et ils vont se marier.
12. L'autobus s'arrête au coin[2] de la rue.
13. Quand nous nous voyons, nous nous disons bonjour.
14. Cet homme se promène chaque jour.
15. Je m'aperçois que j'ai fait une faute.
16. La situation est critique et le capitaine s'attend à une catastrophe.
17. Quand ils sont seuls, les enfants s'ennuient.
18. Je connais cet homme. Je me souviens que je l'ai vu à New York.
19. Quand les employés ont fini leur travail, ils s'en vont.
20. Cet étudiant s'en va avant la fin de la classe.
21. Les étudiants se plaignent quand ils ont beaucoup de travail.
22. Je m'appelle Jean et mon ami s'appelle Pierre.
23. Je connais cet étudiant. Nous nous rencontrons chaque jour.
24. Une famille est heureuse quand tous ses membres s'entendent.
25. Les oiseaux s'envolent quand on s'approche d'eux.
26. Je m'efforce de comprendre cette phrase.
27. Les papiers s'envolent quand il y a du vent.
28. Je m'aperçois que beaucoup d'étudiants sont absents aujourd'hui.
29. Je veux entendre la musique. Taisez-vous.
30. Il a une excellente mémoire. Quand il lit un livre, il se souvient de tous les détails, et il s'en souvient longtemps.

22

1. Le français se parle à Québec.*
2. L'Obélisque se trouve au milieu de la place de la Concorde.

---

[1] se réunir: to get together, to meet. [Cf. réunir: to reunite; to gather; la réunion: meeting, get-together.]
[2] le coin: corner. [Cf. la pièce: coin.]

* GRAMMAR §§6.6–6.7.

15

3. Le cours de français se donne à dix heures.

4. Le mot «hot dog» se dit en français.

5. Les dictionnaires se trouvent à la bibliothèque.

6. Le génie[1] de cet artiste se manifeste dans toutes ses œuvres.

7. Les concerts se donnent dans la grande salle.

8. Les tableaux de Picasso se vendent très cher.

9. Les portes du train s'ouvrent et se ferment automatiquement.

10. Ce livre se lit facilement.

11. Les éclipses totales se voient rarement.

12. Ces deux vieilles dames se voient souvent.

13. Mon frère et moi, nous nous entendons bien.

14. On dit que quand un homme se marie ses difficultés commencent.

15. Je me méfie de cet homme; il est probablement hypocrite.

16. Les enfants s'amusent[2] beaucoup pendant les vacances.

17. Le vieux château se dresse[3] au milieu de la campagne.

18. A Versailles, la perspective des jardins se déroule à l'infini.

19. Je me souviens que j'ai lu ce livre à l'école.

20. Le matin, quand je me lève, je me sens fatigué.

21. Ce jeune homme est excitable; il s'enthousiasme trop facilement.

22. Taisez-vous quand le professeur commence à parler.

23. Cet enfant se décourage vite.

24. Les cathédrales gothiques se voient de très loin.

25. Mes amis et moi, nous nous réunissons souvent le samedi soir.

26. Dans ce bureau, tout le travail se fait calmement.

27. Je me demande[4] si[5] mon ami va venir me voir ce soir.

28. Après la crise, le malade se calme.

29. Avec un peu d'attention, ce problème se comprend facilement.

30. Les étudiants s'habituent à lire le français.

1. Il est à l'université; il n'est pas à la maison.*

2. Je lis mon livre; je ne lis pas le journal.

---

[1] **le génie:** genius.

[2] **s'amuser:** to enjoy oneself. See §6.5.

[3] **se dresser:** to stand. [Cf. **s'habiller, se vêtir:** to get dressed.]

[4] **se demander:** to wonder. See §6.5. [Cf. **demander:** to ask; **poser une question:** to ask a question; **exiger:** to demand.]

[5] **si:** if, whether; so, as (*depending on context*).

* GRAMMAR §§7.1–7.6.

3. Les étudiants ne mangent pas pendant la classe.

4. La nuit il n'y a personne dans la salle de classe.

5. Je n'ai guère d'argent parce que je suis étudiant.

6. Quand je suis fatigué, je ne peux plus travailler.

7. Je ne vais guère au cinéma parce que je n'ai pas assez de temps.

8. Ces pauvres hommes ne savent où aller.

9. Nous n'avons ni chien ni chat parce que nous habitons un petit appartement.

10. Je n'ai qu'un dictionnaire français mais j'ai deux dictionnaires anglais.

11. Quand je ne comprends pas une phrase, je la relis.

12. Cet étudiant ne fait jamais de fautes.

13. Ce mystère semble impénétrable; je ne vois aucune explication.

14. Robinson Crusoé n'a vu aucun être[1] humain pendant plusieurs années.

15. Personne ne peut tout faire.

16. Personne ne vient à l'université le dimanche.[2]

17. Nous n'avons aucun désir d'aller vivre au pôle sud.

18. Le jour de l'examen, les étudiants n'ont qu'une heure pour écrire leur traduction.

19. Quand je suis invité à une soirée, je ne bois qu'un ou deux cocktails. Et vous?

20. Il y a un musée d'art oriental à Paris mais je ne l'ai pas visité.

21. J'ai acheté un journal mais je ne l'ai pas encore[3] lu.

22. Il n'y a aucune végétation sur cette montagne.

23. J'ai un dictionnaire allemand mais je n'en ai pas besoin.

24. Cet enfant n'a pas envie de manger; il n'a jamais d'appétit.

25. Les policiers n'ont trouvé aucune trace de l'assassin.

26. Nul homme ne peut tout savoir.

27. Sur le sommet du Mont-Blanc, rien ne vit.

28. Il y a vingt personnes dans la salle.

29. Ce vieux cynique n'a plus d'illusions sur la nature humaine.

30. Quand on est jeune on n'a pas peur des dangers.

31. Mes amis sont à Tokyo mais ils ne connaissent personne dans cette ville.

32. Ces chocolats ne sont pas pour les enfants; ils sont pour leur mère.

---

[1] **l'être:** (*m.*) being. [Cf. **être:** to be.]

[2] When the names of the days of the week are preceded by an article, they indicate a regular repetition. Cf. **il a téléphoné lundi:** he called on Monday; **il téléphone le lundi:** he calls on Mondays.

[3] **encore:** still; **pas encore:** not yet.

33. Ce livre n'est pas pour elle; il est pour moi.
34. Simenon n'a pas écrit de comédies; il n'a écrit que des romans.
35. Cet étudiant n'a pas encore fini son travail.
36. Quand je ne suis pas certain de la réponse, je préfère ne rien dire.
37. Ouvrez la fenêtre; je n'ai plus froid.
38. Racine n'a-t-il écrit que des tragédies?
39. Racine n'a écrit qu'une seule comédie: *Les Plaideurs*.
40. Ce café est froid; je n'en veux plus.

1. Le journal qui est sur le bureau du professeur est un journal français.*
2. Le monsieur[1] qui entre est un professeur de littérature anglaise.
3. Les étudiants qui étudient régulièrement vont certainement réussir.
4. Je cherche le livre que le professeur nous a recommandé.
5. Le livre que le professeur nous a recommandé n'est pas à la bibliothèque.
6. Je cherche le livre dont j'ai besoin pour mon cours de littérature.
7. Nous achetons les livres dont nous avons besoin.
8. Le soir il n'y a plus personne à l'université.
9. Mon ami a dépensé beaucoup d'argent; il n'a plus que deux dollars.
10. Cet égoïste ne donne jamais rien.
11. Mon ami ne vient jamais plus à l'université parce qu'il est malade.
12. Ce jeune homme ne voit que des films européens parce qu'il n'aime pas les films américains.
13. L'ami à qui j'écris est à Londres en ce moment.
14. Le livre d'art que je viens de recevoir est un cadeau de ma mère.
15. Je ne peux pas acheter tous les livres dont j'ai envie.
16. L'homme avec qui j'ai parlé dans le train est un archéologue.
17. Ne prenez pas les papiers dont j'ai besoin.
18. Il habite un appartement où il n'y a guère de confort.

---

* GRAMMAR §§7.7–7.17.
[1] **le monsieur:** gentleman. [Cf. **Monsieur:** Mr.]

19. Le professeur nous a expliqué la méthode avec laquelle il a étudié l'art préhistorique de cette région.

20. Pierre est un homme avec qui j'aime travailler.

21. Je désire lire le livre dont je viens de voir une critique² dans le journal.

22. J'ai lu le livre de Camus dont le professeur a parlé en classe.

23. Proust est un auteur dont on reconnaît facilement le style.

24. La classe de français est une classe à laquelle les étudiants vont avec plaisir.

25. Le château de Fontainebleau, auquel le professeur d'histoire a fait allusion, est au sud de Paris.

26. Nous avons visité la maison où Victor Hugo a passé plusieurs années.

27. Les professeurs doivent parler des livres auxquels les étudiants s'intéressent.

28. Nous n'avons plus besoin de ces livres élémentaires.

29. Marcel Dupré est un compositeur dont tout le monde³ admire le génie.

30. On ne doit jamais annoncer un résultat dont on n'est pas certain.

31. Le téléphone a sonné au moment où elle a ouvert la porte.

32. Les catastrophes dont on a peur n'arrivent que rarement.

33. Les phrases que nous lisons ne sont pas faciles.

34. Voici un livre dont je n'ai plus jamais besoin.

35. Nous avons visité les lieux où Shakespeare a vécu.

36. Achetez les livres dont vous avez envie.

37. Voici un document dont l'authenticité n'est pas encore certaine.

38. Les films dont on parle beaucoup ne sont pas toujours bons.

39. Nous n'avons plus qu'une autre phrase.

40. Le chapitre que nous avons étudié aujourd'hui est très important.

1. La semaine dernière mon ami n'était pas à l'université, parce qu'il était malade.*

---

² **la critique:** review, criticism (*depending on context*). [Cf. **le critique:** critic.]

³ **tout le monde:** everyone, everybody (*lit.*, all the world). [Cf. **le monde entier:** the whole world.]

* GRAMMAR §§8.1–8.6.

2. Hier il faisait[1] beau.

3. Quand j'habitais New York, j'allais souvent au musée d'art moderne.

4. Les Vikings étaient d'excellents navigateurs.

5. Les hommes des temps préhistoriques habitaient généralement dans des cavernes.[2]

6. Au Moyen Age les classes avaient souvent lieu[3] dans des églises ou dans des cloîtres.

7. Les Romains adoraient les jeux et les combats.

8. Quand il était enfant, Pasteur allait à l'école de la petite ville où ses parents habitaient.

9. Quand ils étaient enfants, ces deux frères se disputaient souvent. Maintenant ils s'entendent bien.

10. Le roi Louis XIV (quatorze) portait des talons[4] hauts parce qu'il était petit.

11. Le docteur se reposait quand on l'a appelé d'urgence.

12. Le professeur expliquait la leçon quand la cloche[5] a sonné.

13. Il étudiait quand son amie lui a téléphoné.

14. Le général se trouvait au milieu de ses troupes quand l'attaque a commencé.

15. Les jeux olympiques avaient lieu à Olympie tous les quatre ans.[6]

16. Les famines étaient fréquentes au Moyen Age.

17. Quand j'ai vu Paul, il parlait avec des étudiants.

18. A minuit le directeur était encore dans son bureau.

19. A la fin de la seconde guerre mondiale, des millions d'hommes étaient dans des camps de prisonniers.

20. Quand j'ai cherché le dictionnaire de français, il n'était plus à la bibliothèque.

22

1. Le général gagna la bataille.*

2. Louis XIV (quatorze) naquit[1] en 1638; il mourut en 1715.

---

[1] Note that French uses the verb **faire** to describe the weather. See §13.17.
[2] **la caverne**: cave. [Cf. **la cave**: cellar.]
[3] **avoir lieu**: to take place. See §8.22.
[4] **le talon**: heel.
[5] **la cloche**: bell. [Cf. **l'horloge**: (*f.*) clock.]
[6] **tous les quatre ans**: every four years.

* GRAMMAR §§8.7–8.11; 8.22; Appendix E ("Stems of Irregular Verbs").
[1] Most of the verbs in this section are in the past definite, a literary tense. Some, such as **naquit** (from **naître**), are impossible to identify without knowing the irregular stems.

3. Jules César fit la conquête de la Gaule.

4. Alexandre remporta de nombreuses victoires et fonda un grand empire.

5. Les représentants des deux pays signèrent le traité.

6. Shakespeare naquit à Stratford.

7. Pendant le combat, de nombreux guerriers moururent.

8. Montesquieu écrivit *L'Esprit des lois*.

9. Le roi lut son discours[2] devant l'assemblée.

10. La nouvelle cathédrale fut consacrée en présence du roi.

11. Les Croisés quittèrent leurs familles et partirent pour délivrer le tombeau du Christ.

12. Le vainqueur fit grâce[3] aux vaincus.

13. Le poète Byron mourut en Grèce.

14. Le mariage fut célébré dans la chapelle du palais.

15. Le roi Jean sans Terre[4] accepta la Grande Charte.

16. Le pamphlet parut sans nom d'auteur.

17. Le livre fut condamné par les autorités.

18. Le roi fut couronné avec une grande solennité.

19. Le président se leva et sortit sans dire un mot.

20. Ce traité eut de grandes conséquences.

21. Les préparations se firent en grand secret.

22. Les pièces[5] de Molière furent jouées devant le roi.

23. La catastrophe du *Titanic* eut lieu en 1912.

24. La nouvelle causa une grande agitation.

25. La cérémonie commença par une procession.

26. Les journaux donnèrent une description détaillée de la cérémonie.

1. Je suis allé en Angleterre l'année dernière.*

2. Cet étudiant est arrivé à huit heures.

3. Nous ne sommes pas allés au cinéma hier soir.

---

[2] **le discours:** speech.

[3] **la grâce:** grace; favor; pardon (*depending on context*); **grâce à:** thanks to; **faire grâce à:** to pardon.

[4] **Jean sans Terre:** King John ("Lackland") of England.

[5] **la pièce:** piece; play; room; coin (*depending on context*).

* GRAMMAR §§8.12–8.20.

4. L'auto s'est arrêtée devant la poste.[1]
5. Hier je suis allé à la librairie[2] et j'ai acheté plusieurs livres.
6. Le train est parti de Paris à dix heures et il est arrivé à Lyon à trois heures de l'après-midi.
7. Sarah Bernhardt est devenue une actrice célèbre.
8. Mon ami est venu en classe avec moi.
9. Les alpinistes sont parvenus au sommet.
10. Paul est resté à la bibliothèque pendant quatre heures.
11. Il est né dans une petite ville de Belgique.
12. Le romancier[3] Camus est mort en 1959.
13. Les touristes sont montés jusqu'au sommet des tours de Notre-Dame. Quand ils sont descendus, ils étaient fatigués.
14. Hier soir je suis resté à la maison pour étudier.
15. Il a monté les livres à sa chambre.
16. Les papiers sont restés sur son bureau.
17. Elle a sorti les enfants parce qu'il faisait beau temps.
18. Pendant des siècles ces documents sont restés inconnus.
19. Je suis arrivé en classe quand le professeur expliquait la leçon.
20. L'accident est arrivé pendant la nuit.
21. Les ruines de Pompéi sont restées cachées pendant plusieurs siècles.
22. L'auto est passée devant le musée, puis elle s'est arrêtée un peu plus loin.
23. Nous nous sommes assis pour nous reposer quelques minutes.

COLBERT

Jean Baptiste Colbert naquit à Reims en 1619. Sa famille appartenait à la petite bourgeoisie.[1] Ses parents n'étaient ni riches ni pauvres mais ils travaillaient beaucoup. Son père était un marchand de draps. La famille était nombreuse. Colbert commença à travailler avec son père, puis il rentra au service du secrétaire d'état Le Tellier, qui le présenta à Mazarin. Il devint le secrétaire de Mazarin et, quand le règne personnel du roi Louis XIV

---

[1] la poste: post office. [Cf. le poste: position, post; radio.]
[2] la librairie: bookstore. [Cf. la bibliothèque: library.]
[3] le romancier, la romancière: novelist. [Cf. le roman: novel.]

[1] la petite (haute) bourgeoisie: the lower (upper) middle class.

(quatorze) commença, en 1661, il devint le premier auxiliaire[2] du roi.

Toute sa vie Colbert travailla à développer la marine[3] et le commerce. Il fonda le port de Lorient et la Compagnie des Indes Orientales. Il travailla à la fondation et au développement de nouvelles manufactures. En 1665 il établit à Paris une fabrique[4] de miroirs. Grâce à la protection royale, cette fabrique prospéra. On y fabriqua les miroirs qui furent employés pour la décoration du palais de Versailles et, en particulier, pour la décoration de la célèbre Galerie des Glaces.[5] Cette entreprise existe encore aujourd'hui; elle s'appelle la Compagnie Saint-Gobain. Elle est la plus ancienne des entreprises françaises.

Colbert avait un esprit méthodique et volontaire.[6] Il travaillait avec ardeur; il se levait tôt et se couchait tard. Son amour du travail lui donnait une attitude souvent sévère. On l'a surnommé[7] «le Nord».

Colbert mourut à Paris, épuisé par le travail, en 1683.

1. Nos amis ne se sont pas arrêtés à Montréal parce qu'ils avaient déjà visité la ville.*

2. Il était six heures. Les hommes avaient fini leur journée[1] de travail.

3. Nous avions faim parce que nous n'avions pas déjeuné.

4. Le professeur est arrivé en retard parce qu'un étudiant lui avait posé beaucoup de questions.

5. Avant la conquête romaine, la Gaule avait eu une civilisation déjà avancée.

6. Ce matin Pierre m'a dit qu'il avait été malade.

7. Avant l'arrivée des Espagnols, les Mexicains n'avaient jamais vu de chevaux.

8. Hier soir nous sommes allés au cinéma parce que nous avions terminé notre travail.

9. Avant l'invention de l'imprimerie, tous les livres étaient écrits à la main.

---

[2] **l'auxiliaire:** (*m.*) assistant.
[3] **la marine:** navy. [Cf. **le marin:** sailor.]
[4] **la fabrique:** factory.
[5] **la glace:** mirror; ice (*depending on context*). [Cf. **le verre:** glass.]
[6] **volontaire:** voluntary; willful, determined (*depending on context*).
[7] **surnommer:** to nickname. [Cf. **nommer:** to name.]
* GRAMMAR §§9.1–9.6.
[1] **la journée:** day, the activities of one day. Note that **le jour** tends to indicate the day in general or daytime: **en été les jours sont longs:** in summer the days are long.

10. L'examen lui a semblé facile parce qu'il avait déjà fait un travail plus avancé.

11. Le jour de Noël, il était triste parce que personne ne lui avait envoyé de lettres.

12. Quand les explorateurs sont revenus de leur mission, on a vu qu'ils avaient beaucoup souffert.

13. Le président a annoncé que l'accord[2] avait été signé.

14. Dès qu'il eut remporté sa première victoire, le capitaine pensa à de nouveaux exploits.

15. Dès qu'il eut ouvert la lettre, il sortit.

16. Quand tout fut prêt, le chef[3] donna le signal du départ.

17. Aussitôt qu'ils eurent aperçu une île, les marins de Christophe Colomb crièrent: «Terre, terre!»

18. La première tentative[4] avait échoué mais la seconde a réussi.

19. Quand la nuit est venue, les bateaux étaient déjà rentrés au port.

20. J'ai reconnu le général immédiatement parce que je l'avais déjà vu à la télévision.

21. Quand je suis arrivé en classe, le professeur avait déjà distribué le texte de l'examen.

22. Quand il est venu à Paris, le jeune Mozart avait déjà obtenu de grands succès.

23. L'accusé a déclaré qu'il n'avait jamais possédé de revolver.

24. Je n'ai pas vu mes amis parce qu'ils avaient oublié de me téléphoner à l'avance.

25. Le professeur a donné un examen inattendu.[5] Les étudiants qui n'avaient pas ouvert leur livre n'ont rien su.

---

1. Nous étudions le français depuis un mois.*

2. Mes amis habitent New York depuis longtemps.

3. J'attendais depuis longtemps quand l'autobus est finalement arrivé.

4. Il y a[1] longtemps que je connais Paul.

---

[2] l'accord: (*m.*) agreement.
[3] le chef: head; chief; chef (*depending on context*).
[4] la tentative: attempt. [Cf. tenter: to tempt; to attempt.]
[5] (in)attendu, -e: (un)expected. Note that attendu is the past participle of attendre: to await, to wait for; to expect.

* GRAMMAR §§9.7–9.13.
[1] il y a (+ verb in the present tense). See §9.10.

5. Voici longtemps qu'il est malade.

6. Le professeur Lebrun a vécu au Japon pendant plusieurs années.

7. Les deux dames parlent depuis plus d'une heure.

8. Voici longtemps que j'ai envie de voir ce film.

9. Il y avait longtemps qu'ils se connaissaient quand ils se sont mariés.

10. Cette lettre est arrivée il y a trois jours.

11. Nous avons visité le Mexique il y a cinq ans.

12. Il y a une heure que nous sommes ici.

13. Ce livre a paru il y a vingt ans.

14. Voici longtemps que j'attends sa visite.

15. Quand il est allé en France, il y avait plusieurs années qu'il étudiait le français.

16. Depuis quand enseigne-t-il à l'université?

17. Elle étudie la danse classique depuis vingt ans.

18. Il pleuvait depuis plusieurs jours quand tout à coup[2] le temps a changé.

19. La représentation[3] de la pièce a duré pendant trois heures.

20. Voici plus de sept cents ans que la cathédrale Notre-Dame se dresse au milieu de Paris.

21. Dépêchez-vous. La représentation a commencé il y a cinq minutes.

22. L'université de Paris existe depuis plusieurs siècles.

23. Cet article a paru il y a deux semaines.

24. Voici deux heures que nous étudions la leçon numéro IX (neuf).[4]

25. Il y a un mois que vous étudiez le français. Vous n'avez pas encore fini, mais vous faites des progrès chaque jour. Travaillez régulièrement. Etudiez chaque jour pendant une heure ou deux.

LA CONSTRUCTION DE L'ÉGLISE
DU PALAIS DE CHARLEMAGNE

Quand Charlemagne décida de construire une église dans son palais d'Aix-la-Chapelle, il s'aperçut que ses sujets étaient incapables d'élever de

---

[2] **tout à coup:** suddenly (*lit.*, all at a blow).
[3] **la représentation:** representation; performance (*depending on context*).
[4] **neuf:** nine. [Cf. **neuf, neuve:** new.]

hautes constructions en pierre. Depuis les grandes invasions qui avaient ravagé l'Europe entière, les techniques des constructeurs grecs et latins avaient été oubliées. Depuis déjà plusieurs siècles, les ateliers de sculpteurs étaient fermés. En général, les maisons et les fortifications du VIIIe (huitième) siècle étaient fabriquées en bois. Les Gaulois avaient oublié l'art de construire des voûtes en pierre.

Charlemagne fut obligé d'appeler des constructeurs de la ville de Ravenne. Cette ville, située dans le nord de l'Italie, était demeurée un centre culturel important. En effet, malgré les guerres, elle était restée attachée à l'Empire de Byzance.[1] Il y avait à Ravenne de célèbres monuments et, en particulier, l'église Saint-Vital, qui était décorée de magnifiques mosaïques de style byzantin.

Malheureusement, les artistes qui vinrent de Ravenne pour travailler à la construction de l'église du palais de Charlemagne, ne réussirent pas à faire une construction aussi splendide que l'église Saint-Vital.

L'église d'Aix-la-Chapelle eut, cependant, une très grande influence parce qu'elle devint une sorte de modèle. Dès que Charlemagne eut montré l'exemple, les chrétiens de son vaste empire commencèrent à édifier des églises et des monastères. Peu à peu, des constructions en pierre remplacèrent les anciennes constructions en bois.

De nos jours,[2] on peut encore voir l'église de Charlemagne. Elle forme la partie centrale et, évidemment,[3] la partie la plus ancienne de la cathédrale d'Aix-la-Chapelle.

1. Demain nous commencerons une nouvelle leçon.*
2. Nous irons au cinéma samedi prochain.
3. Cet étudiant réussira à son examen sans aucun doute.
4. J'irai probablement en Europe l'année prochaine.
5. J'enverrai cette lettre le plus tôt possible.
6. Vous viendrez en classe chaque jour la semaine prochaine.
7. Vous aurez la réponse le mois prochain.
8. Je vous attendrai jusqu'à huit heures du soir.
9. Quand vous irez au Louvre, vous pourrez voir une remarquable collection de vases grecs.

---

[1] **Byzance:** Byzantium.
[2] **de nos jours:** today (*lit.*, of our days).
[3] **évidemment:** obviously, of course.
* GRAMMAR §§10.1–10.12.

10. Nous vous transmettrons la réponse aussitôt que possible.
11. Le verdict sera annoncé vers quatre heures.
12. Le livre est annoncé; il paraîtra vers la fin de l'année.
13. J'espère que vous pourrez assister à[1] la cérémonie.
14. *Le Mariage de Figaro* sera représenté samedi prochain.
15. Ne vous inquiétez pas; demain tout ira mieux.[2]
16. Le jury délibérera ce soir.
17. Lisez ce livre dès que vous aurez le temps.
18. Apportez-moi votre travail dès que vous aurez fini.
19. Téléphonez-moi dès que vous aurez reçu le télégramme.
20. La construction de l'église commencera aussitôt que nous aurons assez d'argent.
21. Le verdict du jury sera annoncé avant cinq heures.
22. Je vous aiderai dès que je pourrai.
23. Dès que tous les délégués seront arrivés, la séance[3] commencera.
24. On n'a jamais retrouvé l'avion. Il sera[4] tombé dans la mer.
25. Dès qu'il aura tous les renseignements,[5] il écrira un rapport.[6]
26. Les élections auront lieu dans un mois.
27. Attendez-moi; je viens.
28. Quand j'aurai fini mes études, je ferai un grand voyage.
29. Vous vous intéresserez à ce sujet à mesure que vous l'étudierez.
30. A la fin du semestre, vous connaîtrez la grammaire française.

1. Je pourrai vous aider dans une heure.*
2. Je resterai à la bibliothèque pendant une heure.
3. Dans une semaine, les étudiants pourront partir en vacances.
4. La prochaine session de l'assemblée générale aura lieu dans un mois.
5. La nouvelle faculté[1] de médecine sera inaugurée dans deux ans.

---

[1] **assister à:** to be (present) at. [Cf. **aider, assister:** to assist, to help.]
[2] **tout va bien:** all's well; **tout ira bien:** everything will be o.k.
[3] **la séance:** meeting.
[4] Note this use of the future: "must have." See §10.8.
[5] **le renseignement:** information; (*pl.*) data.
[6] **le rapport:** report; relationship (*depending on context*).

* GRAMMAR §§10.13–10.14.
[1] **la faculté:** school, college; faculty, ability (*depending on context*).

6. Il est allé en Espagne il y a cinq ans. Il y est resté pendant trois mois.

7. Venez me revoir dans une semaine. J'espère que d'ici là[2] j'aurai reçu des nouvelles.

8. Il étudie la médecine depuis trois ans. Dans deux ans il terminera ses études et il commencera à pratiquer la médecine.

9. Il ne pourra jamais terminer sa thèse avant la fin de l'année.

10. On fera tous les sacrifices nécessaires pour sauver le monde libre.

11. Il est venu tout à l'heure m'annoncer qu'il allait faire un voyage en Grèce.

12. Au moment où j'ai vu le professeur Lebrun, il allait donner une conférence.

13. A notre époque, les nouvelles sont vite connues.

14. La situation actuelle[3] de la compagnie est assez difficile.

15. Quand cet enfant sera plus grand, il obtiendra de bons résultats à l'école.

16. Actuellement la situation demeure tendue.

17. Les voyageurs attendaient depuis longtemps quand enfin un avion est arrivé.

18. Je lis plusieurs journaux chaque jour parce que je m'intéresse aux événements actuels.

19. Le président des Etats-Unis fait actuellement un voyage en Amérique du Sud.

20. On ne connaîtra pas le résultat des négociations avant la fin de la semaine.

21. L'année dernière la réunion traditionnelle n'a pas eu lieu.

22. Nous pourrons vous donner des renseignements plus précis d'ici quelques jours.[4]

23. Je connais Paul depuis plusieurs années.

24. Hier le dictionnaire de français était à la bibliothèque; actuellement il n'y est plus.

25. Voici longtemps qu'on n'a pas donné l'opéra *Carmen*.

26. Dès qu'ils eurent signé le traité, les délégués se séparèrent et rentrèrent dans leur pays.

27. En l'an 2000, il y aura longtemps que nos automobiles actuelles seront anachroniques.

28. Il y a un vieux proverbe français qui dit: «qui[5] vivra verra».

---

[2] **d'ici là:** between now and then (*lit.*, from here there). See §10.13.

[3] **actuel, actuelle:** present(-day), contemporary; **actuellement:** today, nowadays; **l'actualité:** contemporaneity; (*pl.*) current events. [Cf. **vrai, -e: véritable:** actual, true.] See §10.14.

[4] **d'ici quelques jours:** in a few days. See §10.13.

[5] **qui:** *here*, he who, whoever.

29. D'ici peu de temps vous serez capable de lire des livres français. Prenez patience.

30. Actuellement vous connaissez déjà l'essentiel de la grammaire française. Dans quelques semaines vous pourrez lire des articles de journaux sans trop de difficultés.

COMMENT LES URBANISTES CONÇOIVENT[1] LES VILLES DE L'AVENIR[2]

Selon toutes les probabilités, la population du monde va continuer à augmenter. D'autre part,[3] la population urbaine va continuer à s'accroître par rapport à la population des campagnes.[4] On ne pourra pas continuer à étendre indéfiniment la surface des villes. Les urbanistes ont calculé que, si en l'an 2000, chaque famille parisienne possède une maison individuelle entourée d'un petit jardin, la ville de Paris s'étendra jusqu'à la ville d'Orléans! Dans une ville aussi monstrueuse, toute activité normale sera impossible.

Alors, nos enfants devront-ils se contenter des rues bruyantes pour jouer et pour se reposer? Ou bien[5] devront-ils être obligés de passer cinq ou six heures par jour dans un véhicule pour aller à l'école ou à leur travail?

Les urbanistes affirment que ces deux dangers seront l'un et l'autre[6] évités si, dès maintenant, nous commençons à construire en hauteur[7] des bâtiments fonctionnels.

L'espace occupé par les bâtiments sera réduit au minimum puisqu'on ne construira qu'en hauteur. Comme les constructions n'occuperont qu'une surface limitée, elles pourront être espacées les unes des autres.[8] Les architectes devront utiliser les accidents du terrain, le relief, les beautés naturelles du pays pour former un cadre[9] agréable. Des arbres, des terrains[10] de sport, des parcs seront à proximité des habitations.

---

[1] See §6.8.
[2] l'avenir: (*m.*) future (*from* à + venir: to come).
[3] (d'une part . . .) d'autre part: (on the one hand . . .) on the other hand.
[4] la campagne: country, rural area; campaign (*depending on context*).
[5] ou bien: or, or else.
[6] l'un et l'autre: both (*lit.*, the one and the other).
[7] en hauteur: upward (*lit.*, in height).
[8] l'un de l'autre: apart (*lit.*, the one from the other).
[9] le cadre: frame, framework; setting.
[10] le terrain: terrain; field (*depending on context*).

Les constructions devront être conçues en fonction du climat du pays. Tous les habitants de ces villes devront avoir de l'air et de la lumière. Ils devront avoir, également,[11] le silence et la tranquillité dans leur appartement. Ils devront avoir des magasins, des écoles, des centres médicaux, etc. aussi près que possible de chez eux. En général, ils trouveront tout ce qui leur sera nécessaire sans être obligés de sortir du bâtiment où ils habiteront.

Les habitations ne seront plus enlaidies[12] par les usines et les constructions industrielles. Les usines seront groupées dans des zones qui leur seront réservées et où les conditions de travail des ouvriers seront aussi saines et agréables que possible. Les bureaux seront également groupés dans des centres spécialement conçus pour les affaires.

La rue traditionnelle disparaîtra. Elle sera remplacée par deux réseaux distincts: un réseau d'autoroutes[13] exclusivement réservé aux véhicules et un réseau de chemins pour les piétons.[14] Ce dernier réseau ne sera jamais employé par les véhicules, et on pourra s'y promener en toute sécurité.

Quelques rues pittoresques et quelques vieux quartiers historiques seront respectés. Ils permettront aux promeneurs de se distraire et aux jeunes de rêver aux époques qu'ils n'auront jamais connues.

1. J'aimerais savoir où est la poste?*
2. Pourriez-vous expliquer ce mot s'il vous plaît.
3. Ne demandez pas à Paul de faire ce travail. Il ne serait pas capable de le faire.
4. Voudriez-vous vivre en Sibérie?
5. Y aurait-il des êtres vivants sur la planète Mars?
6. Voudriez-vous prendre un cocktail?
7. Pierre m'a dit qu'il irait au cinéma ce soir.
8. Seriez-vous capable de terminer ce rapport aujourd'hui?
9. Cet officier ne trahirait jamais son pays.
10. Si j'avais assez d'argent, je ferais le tour du monde.
11. Je vous aiderais si je le pouvais.
12. Les étudiants liraient plus de livres s'ils avaient le temps.

[11] **également:** also, by the same token; (*seldom*) equally.
[12] **enlaidir:** to deface. [Cf. **laid, -e:** ugly.]
[13] **l'autoroute:** (*f.*) freeway.
[14] **le piéton:** pedestrian. [Cf. **le pied:** foot.]

* Grammar §§11.1–11.15.

13. Si les livres étaient moins chers, nous en achèterions davantage.[1]

14. Si le professeur pose des questions trop difficiles, les étudiants ne pourront pas y répondre et l'examen ne servira à rien.

15. Si nous voyageons par avion, nous ne verrons pas le paysage.

16. Si vous pouvez, allez voir ce film.

17. Si tout va bien, nous partirons en vacances le premier juin.

18. Si vous avez perdu votre livre, vous devrez en acheter un autre.

19. Quand elle a épousé un millionnaire, elle pensait qu'elle serait heureuse.

20. Si Napoléon avait su, il n'aurait pas entrepris la campagne de Russie.

21. Nous serions allés en Europe l'année dernière si nous avions eu assez d'argent.

22. Si on avait été plus vigilant, la situation ne serait pas aussi grave.

23. Si Washington avait voulu, il aurait pu être roi.

24. Si les ponts avaient été détruits, l'ennemi n'aurait pas avancé aussi vite.

25. En 1938, si les alliés avaient été plus fermes, la seconde guerre mondiale aurait peut-être pu être évitée.

26. S'il pouvait, il irait chaque soir au cinéma.

27. S'ils étaient complètement libres, la majorité des enfants ne voudraient pas aller à l'école.

28. Mon ami m'avait dit qu'il viendrait aujourd'hui, mais je ne l'ai pas encore vu.

29. Si vous êtes fatigué, reposez-vous quelques minutes, puis relisez les phrases précédentes.

30. Si vous connaissez bien la grammaire, vous pourrez comprendre la prose française sans grandes difficultés.

1. Ce dictionnaire est incomplet mais celui-ci est trop cher.*

2. Si je peux choisir entre ces vases, je prendrai celui-là.

3. Cette rue conduit à la gare, celle-là conduit à la poste.

4. Ces livres sont bon marché;[1] achetons tous ceux qui nous intéressent.

---

[1] **davantage:** more. See §2.20.

* GRAMMAR §§11.16–11.20.
[1] **bon marché:** cheap (*lit.*, good market). Note that **bon marché** is invariable.

5. Je n'aime pas toutes les œuvres de Picasso. Par exemple, j'aime celle-ci et non celle-là.

6. Comparez ces photographies. Celle-ci est trop pâle; celle-là est trop sombre.[2]

7. Ce dictionnaire-ci ne donne pas assez d'exemples; celui-là ne donne pas la transcription phonétique des mots.

8. Si vous ne trouvez pas votre plume,[3] prenez celle de Paul.

9. La compagnie lui donnera ce qu'il demandera.

10. Il aura tout ce dont il aura besoin.

11. Attendons la fin de l'orage; c'est plus prudent.

12. Vous devriez travailler dans votre jardin; ce serait bon pour votre santé.

13. Je connais bien ce monsieur; c'est l'inspecteur.

14. Finissez cette traduction, c'est tout ce que je vous demande.

15. Vous devriez acheter tout ce qui vous sera nécessaire pendant le voyage.

16. Ces manuscrits sont très anciens; celui que nous étudions en ce moment date de la fin du xe (dixième) siècle.

17. Cette caméra ne marche[4] pas bien; j'aurais dû acheter celle qui était un peu plus chère.

18. Vous auriez dû faire ce que je vous conseillais.

19. Vous ne devriez jamais vous occuper de ce qui ne vous regarde[5] pas.

20. Je ne comprends pas ce que cette expression veut dire.[6]

21. Si vous aviez écouté ce que le professeur a expliqué, vous auriez su répondre à la question de l'examen.

22. Mon ami a reçu une bourse; cela lui permettra d'étudier à Genève pendant un an.

23. Faites attention à ceci: si une personne que vous ne connaissez pas demande à me parler, vous lui direz que je suis en voyage.

24. Si ce que vous me dites est vrai, une crise grave est imminente.

25. Vous n'auriez pas dû lui dire tout ce que vous lui avez dit.

26. On ne connaîtra jamais le nom de tous ceux qui ont travaillé aux cathédrales du Moyen Age.

27. Quand on voyage, on ne peut jamais voir tout ce qu'on voudrait voir.

28. Quand il m'a parlé de ses projets, je lui ai dit ce que j'en pensais.

29. Faites ce que vous pourrez.

---

[2] **sombre:** dark.
[3] **la plume:** feather; pen (*depending on context*).
[4] **marcher:** to walk; to function, to work (*depending on context*).
[5] **regarder:** *here*, to concern.
[6] **vouloir dire:** to mean (*lit.*, to want to say).

30. Quand vous aurez traduit les phrases, relisez-les quatre ou cinq fois; c'est un excellent exercice. Ne dites pas que c'est difficile parce que ce ne serait pas vrai.

LA DOCTRINE DES SAINT-SIMONIENS

Parmi les systèmes politiques qui ont été imaginés au XIXe (dix-neuvième) siècle, le saint-simonisme est l'un des[1] plus intéressants. Cette doctrine fut conçue par Henri de Saint-Simon. Celui-ci mourut à Paris en 1825. Les disciples de Saint-Simon étaient peu nombreux[2] mais ils étaient convaincus que bientôt le monde serait régénéré.

La Révolution française, les progrès scientifiques et techniques avaient ouvert des horizons nouveaux. Certaines personnes pensaient que bientôt la société pourrait apporter le bonheur à tous les hommes. Les saint-simoniens répétaient que, pour arriver à l'âge d'or de l'humanité, on devrait confier le gouvernement des états à des savants, et que, d'autre part, on devrait permettre à chaque homme de se consacrer à l'activité pour laquelle il a le plus d'aptitudes. Les saint-simoniens disaient que, si chacun pouvait travailler à une tâche[3] qu'il aime, la production augmenterait et la collectivité entière en profiterait. Alors, l'état deviendrait une vaste société industrielle dans laquelle il n'y aurait plus de pauvres; il n'y aurait plus que des gens actifs et heureux.

Dans la société imaginée par les saint-simoniens, il n'y aurait eu ni divisions sociales ni barrières économiques. Selon eux, grâce au développement des moyens de transport, les hommes pourraient se connaître et, dès qu'ils se connaîtraient, ils ne formeraient qu'une seule et unique famille. L'humanité n'aurait plus qu'un seul intérêt et qu'une seule pensée: «l'exploitation méthodique de la planète».

Pour diffuser leurs théories, les saint-simoniens fondèrent un journal appelé *Le Producteur*. Dans ce journal ils célébraient les grandes découvertes de leur temps. Voici ce que l'un d'entre eux écrivit en 1826, à propos des chemins de fer:

«Une puissance de locomotion semblable ne peut [pas] être introduite chez les hommes sans opérer une vaste révolution dans l'état de la société.

---

[1] **l'un de:** one of.
[2] **peu nombreux:** few in number, not very numerous.
[3] **la tâche:** task. [Cf. **la tache:** stain; mark, imperfection (*depending on context*).]

Avec une facilité et une célérité de communication si grande, des villes provinciales d'un empire deviendraient des faubourgs de la capitale. . . . Produits industriels, inventions, découvertes, opinions circuleraient avec une rapidité jusque-là inconnue, et, par-dessus tout, les rapports d'homme à homme, de province à province, de nation à nation seraient prodigieusement accrus.»

D'autres saint-simoniens allaient encore plus loin. Ils affirmaient que, bientôt, les hommes seraient capables de construire des tunnels sous les plus hautes montagnes et de percer des isthmes. Ces prophètes ont effectivement annoncé qu'un jour les eaux des océans se mêleraient à Suez et à Panama.

Les saint-simoniens ont prêché un système utopique. Rapidement des différences d'opinions et des rivalités personnelles les ont opposés les uns aux autres. Beaucoup de personnes se sont moquées d'eux. Cependant, nous devons reconnaître que de grandes entreprises industrielles du XIXe (dix-neuvième) siècle n'auraient jamais été réalisées[4] si, d'abord, elles n'avaient pas été imaginées et prêchées par des esprits exaltés mais généreux.

1. Je suis content que vous soyez avec nous aujourd'hui.*
2. Je doute que cette réponse soit exacte.
3. Le professeur veut que nous arrivions à l'heure.[1]
4. Il est possible que le directeur soit déjà au bureau.
5. Il est certain que ce texte est apocryphe.
6. Il faut que nous allions à la bibliothèque demain.
7. Il faut que les étudiants fassent attention[2] pendant les conférences.
8. Je doute qu'il dise la vérité.
9. Il faut que cet enfant vainque sa timidité.
10. J'aimerais que nous fassions une promenade ce soir.
11. Il est indispensable que les enfants apprennent à nager.
12. Il est urgent qu'on remédie à cette injustice.
13. Elle était furieuse que son mari aille au cinéma sans elle.
14. Il faudrait que vous lisiez les œuvres de Rousseau.
15. Le général a donné l'ordre que les troupes passent à l'attaque.

[4] **réaliser:** to accomplish. [Cf. **réel, réelle:** real; **se rendre compte:** to realize.]

* Grammar §§12.1–12.13.
[1] **à l'heure:** on time. [Cf. **tout à l'heure:** in a little while; a little while ago.]
[2] **faire attention:** to pay attention.

16. Le prince exigeait que ses sujets viennent lui rendre hommage.
17. Il semble douteux qu'il y ait des hommes sur les autres planètes.
18. Je voudrais que vous m'expliquiez cette phrase.
19. Je doute qu'on parvienne à retrouver le manuscrit.
20. Voici le meilleur restaurant que je connaisse dans cette ville.
21. L'enfant pleurait parce qu'il avait peur que ses parents ne reviennent pas.
22. Pendant longtemps de Gaulle a semblé être le seul homme qui puisse sauver la France.
23. Toute sa vie cet homme a cherché une femme qui soit parfaite. C'est pourquoi il ne s'est jamais marié!
24. A votre avis, quels sont les premiers Européens qui soient arrivés en Amérique?
25. Le meilleur ami qu'un homme puisse avoir, c'est son chien.
26. Il est indispensable que les ouvrages de référence soient toujours à la bibliothèque.
27. Elle a attendu jusqu'à ce que les enfants reviennent.
28. Il n'y a pas d'université qui soit plus célèbre que la Sorbonne.
29. Il a quitté le pays sans que les autorités le sachent.
30. Il continue à donner des concerts bien qu'il ne soit plus jeune.
31. Les inspecteurs n'ont rien trouvé qui puisse nous aider à retrouver l'assassin.
32. Supposons qu'on puisse résoudre la première partie du problème; nous ne pourrons pas résoudre la seconde.
33. Quoique la situation soit difficile, vous ne devez pas vous décourager.
34. On a placé les plus belles statues dans le musée afin qu'elles ne soient pas détériorées.
35. Je suis content que vous ayez étudié cette leçon parce que maintenant vous connaissez tous les temps[3] de la langue française.

1. Il est douteux qu'il ait réussi.*
2. Je suis content que vous ayez fait ce beau voyage.

---

[3] **le temps:** *here*, tense.

* GRAMMAR §§12.14–12.20.

3. J'espère que vous reviendrez bientôt nous voir.

4. Il espérait que ses parents lui donneraient de l'argent mais ils ne lui ont rien donné.

5. Je ne crois pas que cette peinture soit un original. Je crois que ce n'est qu'une copie.

6. C'est dommage qu'il n'ait pas pu revoir ses amis avant son départ.

7. Je ne nie pas que vous disiez la vérité, mais je suis certain que vous ne dites qu'une partie de la vérité.

8. Nous regrettions que nos amis ne nous aient pas accompagnés.

9. Le professeur veut que nous ayons fini le livre avant la fin du semestre.

10. Tout le monde espère que les armes atomiques ne seront jamais nécessaires.

11. L'homme ne se doutait[1] pas que les policiers le surveillaient.

12. Je doute qu'on réussisse à retrouver le manuscrit original.

13. Quand les premiers colons[2] sont arrivés, ils ne se doutaient pas de la richesse de leur nouveau pays.

14. Il sortait chaque jour, quel que soit le temps.

15. Vous ne partirez pas avant que nous ayons terminé ce travail.

16. En Provence, où qu'on aille, on voit partout des fleurs.

17. Je regrette que vous n'ayez pas pu lui parler personnellement.

18. Il n'est pas certain que les alpinistes soient arrivés jusqu'au sommet.

19. Ne vous découragez pas, quels que soient les résultats des premières expériences.[3]

20. Bien qu'on ait fait d'innombrables recherches, nous ne savons presque rien sur Homère.

21. Il se doutait que la réponse serait favorable.

22. Il faut que nous ayons fini le programme avant le jour de l'examen.

23. Cet homme continuera à défendre[4] sa cause jusqu'à ce qu'on l'acquitte.

24. Cette statue est la seule qu'on ait retrouvée dans un état presque parfait.

25. Il est regrettable que les délégués n'aient pas pu arriver à un accord.

26. Quoi que[5] vous fassiez, il y aura toujours des personnes qui vous critiqueront.

---

[1] **se douter:** to suspect. [Cf. **douter:** to doubt.] See §12.20.
[2] **le colon:** colonist.
[3] **l'expérience:** (*f.*) experiment; experience (*depending on context*).
[4] **défendre:** to defend; to prohibit (*depending on context*).
[5] **quoi que:** whatever, no matter what. See §12.12. [Cf. **quoique:** although.]

27. Cette vieille église est en mauvais état quoiqu'on l'ait déjà restaurée au commencement du xxe (vingtième) siècle.
28. Quoi que vous lisiez en français, il faudra que vous connaissiez le subjonctif.
29. Vous aviez peur que l'étude du subjonctif soit beaucoup plus difficile, n'est-ce pas?
30. Vous êtes probablement content que la leçon soit finie.

L'ENSEIGNEMENT SECONDAIRE FRANÇAIS

Dans tous les journaux français, quelles que soient leurs tendances politiques, on trouve des articles sur l'éducation. Cela est dû à des causes diverses. D'une part, les Français s'intéressent à la formation et à l'orientation de la jeunesse; d'autre part, ils désirent préserver leur héritage culturel, qui est l'un des plus riches qui soit. N'oublions pas, également, que l'enseignement est organisé et dirigé, en haut lieu, par le Ministère de l'Education nationale; ce ministère est en rapports directs avec tous les autres organes gouvernementaux.

Depuis longtemps, l'enseignement secondaire français jouit d'un[1] prestige mondial. Néanmoins, cet enseignement fait actuellement l'objet d'un vaste programme de réformes.

Autrefois, l'enseignement secondaire s'adressait surtout à l'élite de la nation; de nos jours, on voudrait qu'il se démocratise et que le plus grand nombre possible de jeunes puissent aller à un lycée. On voudrait également que les fils de fermiers puissent faire des études secondaires aussi facilement que les élèves qui demeurent dans les villes. Autrefois, l'enseignement secondaire cherchait avant tout[2] à ce que le jeune homme reçoive une bonne formation générale afin que, par la suite,[3] il puisse s'orienter vers les études universitaires de son choix.

Au lycée, le jeune homme acquérait une bonne connaissance des mathématiques, mais il était rare qu'il reçoive une formation pratique[4] et technique. De nos jours, on voudrait qu'un plus grand nombre de jeunes (garçons et filles) se dirigent vers[5] les carrières[6] scientifiques. Chacun sait qu'il

---

[1] **jouir de:** to enjoy. [Cf. **jouer:** to play.]
[2] **avant tout:** above all (*lit.*, before all). [Cf. **surtout:** especially.]
[3] **par la suite:** later on.
[4] **pratique:** practical. [Cf. **la pratique:** practice.]
[5] **vers:** toward. [Cf. **le vers:** verse; line (of poetry); **le verre:** glass.]
[6] **la carrière:** career.

faudrait que le nombre d'ingénieurs s'accroisse rapidement pour que la France puisse satisfaire à la fois les besoins de l'industrie et de l'enseignement technique. Personne ne doute que ces besoins soient réels.

Néanmoins, il serait regrettable que les lycées deviennent de simples écoles techniques. La majorité des Français s'opposent à ce que l'enseignement général soit sacrifié à l'acquisition de connaissances techniques, si importantes qu'elles soient dans la vie professionnelle.

Autrefois, il était obligatoire que les élèves des lycées apprennent le latin; depuis longtemps l'étude du latin est facultative. A l'heure actuelle, on voudrait empêcher que l'étude des humanités dépérisse. Tous ceux qui réfléchissent se rendent compte[7] qu'il est indispensable qu'un homme éduqué puisse écrire sa langue correctement, qu'il sache lire et parler au moins une langue étrangère, qu'il ait une bonne connaissance de l'histoire et de la géographie des grands pays du monde, qu'il ait des notions d'histoire de l'art, qu'il ait lu les principales œuvres des classiques français, ainsi que les chefs-d'œuvre des littératures étrangères.

Les professeurs chargés d'établir les programmes de l'enseignement cherchent un équilibre harmonieux qui satisfasse à la fois[8] les exigences de la culture et celles de l'enseignement scientifique moderne. Ils cherchent également à accroître le nombre d'élèves de l'enseignement secondaire sans que le niveau général s'affaiblisse. Ces buts[9] sont-ils incompatibles? Les éducateurs ne croient pas qu'ils le soient.

1. Je voudrais aller au cinéma mais je dois étudier.*
2. Tous les enfants doivent apprendre à lire.
3. Hier soir,[1] mes amis sont allés voir un film italien.
4. Il est parti sans dire au revoir.
5. Nous avons décidé d'attendre la réponse du directeur.
6. Le juge lui a demandé de répondre à sa question.
7. Il a juré de dire la vérité, toute la vérité et rien que la vérité.
8. J'aime écouter de la musique classique.

---

[7] **se rendre compte:** to realize. [Cf **réaliser:** to accomplish.]
[8] **à la fois:** at the same time.
[9] **le but:** goal. [Cf. **le bout:** extremity, end, tip.]

* GRAMMAR §§13.1–13.8.
[1] **hier soir:** last night (*lit.*, yesterday evening).

9. Les Parisiens aiment s'asseoir à la terrasse d'un café.[2]

10. Le public a demandé au pianiste de jouer *L'Après-midi d'un faune*.

11. Laissez parler les sots.[3]

12. J'ai fait venir ce dictionnaire de Londres.

13. Certains éducateurs prétendent qu'on doit laisser les enfants s'instruire par eux-mêmes.

14. Si on laisse tomber un vase de porcelaine, il se brise.

15. Le roi a fait fortifier la ville.

16. Cet étudiant a fait publier sa thèse à ses frais.[4]

17. Les soldats ont entendu l'ennemi approcher.

18. Les alpinistes ne sont pas partis parce qu'ils ont senti approcher la tempête.

19. Nous avons vu jouer *Rigoletto* à l'opéra.

20. J'ai entendu dire qu'on vient de faire une grande découverte archéologique près de Reims.

21. Après avoir terminé son travail, il est parti.

22. La situation était périlleuse, c'est pourquoi on a fait partir les femmes et les enfants.

23. Le gouvernement américain fait traduire de nombreuses publications étrangères.

24. Le roi François Ier (premier) a fait venir des artistes d'Italie.

25. Le guide nous a fait visiter l'intérieur de la pyramide.

26. Après la guerre, le gouvernement français a fait reconstruire les villes démolies.

27. Paul nous a fait savoir qu'il allait se marier.

28. On a fait vérifier l'authenticité de ces documents par des experts.

29. Le pianiste a fait placer son piano au milieu de la scène.[5]

30. Certains économistes du XVIIIe (dix-huitième) siècle ont dit qu'on devait laisser les marchandises circuler librement.

31. Pendant la guerre, on ne laissait pas passer les lettres qui venaient de l'étranger.[6]

32. On ne peut pas laisser les enfants faire tout ce qu'ils veulent.

33. J'ai fait porter la lettre à la poste.

34. Nous sommes allés visiter l'exposition.

35. Le professeur a laissé les étudiants partir un peu plus tôt parce qu'ils étaient fatigués.

---

[2] **le café:** coffee; café (*depending on context*).
[3] **le sot, la sotte:** fool, foolish person.
[4] **les frais:** (*m. pl.*) expense. [Cf. **frais, fraîche:** fresh.]
[5] **la scène:** scene; stage (*depending on context*).
[6] **l'étranger:** (*m.*) *here,* foreign countries; abroad.

1. J'ai rencontré Paul en allant à l'université.*
2. On apprend beaucoup en voyageant.
3. C'est en jouant que des enfants ont découvert les grottes[1] de Lascaux.
4. On apprend à jouer du violon en faisant de très nombreux exercices.
5. On apprend une langue en la lisant et en la parlant.
6. Il a terminé ses études tout en travaillant.
7. Il lisait son journal en fumant une cigarette.
8. J'ai aperçu mon ami courant derrière l'autobus.
9. Etant malade, je n'ai pas pu aller à la cérémonie.
10. On voudrait que les enfants apprennent en s'amusant, mais ce n'est pas toujours possible.
11. Il a fait fortune en collectionnant de vieilles médailles.
12. En survolant la région, les archéologues ont découvert de nombreux temples.
13. Etant infirme, Toulouse-Lautrec s'est consacré à la peinture.
14. Sachant qu'il n'y avait pas de dictionnaire Larousse à la bibliothèque, j'ai apporté le mien.
15. Rejetant tous les systèmes philosophiques, Descartes a établi les principes du rationalisme philosophique.
16. Un proverbe français bien connu dit: c'est en forgeant qu'on devient forgeron.
17. L'exposition a été inaugurée par le Président.
18. Le fameux tableau *La Joconde* avait été volé,[2] mais il a été retrouvé.
19. Beaucoup d'œuvres grecques ont été perdues.
20. La nouvelle bibliothèque sera ouverte au public l'année prochaine.
21. La plupart des[3] constructions du Moyen Age ont été restaurées.
22. Les pièces de Shakespeare ont toutes été traduites en français.
23. C'est en cherchant la route des Indes que Christophe Colomb a découvert l'Amérique.
24. On a reconstitué l'histoire de *Tristan et Iseult* en réunissant les fragments de plusieurs poèmes.
25. La Tour Eiffel a été construite pour l'exposition de 1889.

---

* Grammar §§13.9–13.18.
[1] la grotte: cave, grotto. [Cf. la cave: cellar.]
[2] voler: to fly; to steal (*depending on context*).
[3] la plupart: the majority; la plupart des: most of, the majority of. See §4.10.

26. Les premiers tableaux de Monet ont été ridiculisés par le public, qui ne les comprenait pas.

27. La Bible a été traduite dans des centaines[4] de langues.

28. Les visiteurs se sont arrêtés quelques minutes devant chaque tableau.

29. Vous continuerez à faire des progrès en français en lisant régulièrement, un peu chaque jour.

30. Maintenant que vous avez étudié l'essentiel de la grammaire française, vous allez pouvoir approfondir vos connaissances de la langue en lisant des journaux et des livres de votre choix.

LA NAISSANCE DE «L'IMPRESSIONNISME»

C'était en 1874. Plusieurs jeunes peintres cherchaient à vendre leurs peintures pour pouvoir acheter à manger. Personne ne les connaissait. Ils s'appelaient Renoir, Monet, Pissarro, Cézanne, Degas, Berthe Morisot. . . .

Se voyant exclus des Salons[1] officiels, les jeunes peintres tentèrent[2] d'exposer leurs toiles[3] au Salon des Indépendants. Là encore, ils ne purent faire accepter leurs toiles.

Ils n'avaient qu'un but : exposer, montrer leurs œuvres au public, toucher les gens au goût simple et spontané.

Enfin, un marchand de tableaux leur permit[4] d'exposer leurs toiles dans l'un de ses salons. Les peintres croyaient toucher au but.[5] Le public vint, mais le public vint pour se moquer. Les promeneurs du dimanche allèrent à l'exposition afin de pouvoir rire.

L'une des toiles de Monet était intitulée *Impression*. Cette toile représentait les bords de la Seine vus par un matin brumeux, au moment du lever du soleil.[6] Un journaliste profita de ce titre pour lancer contre les peintres cette étiquette[7] «impressionniste» qui allait leur rester. Les journalistes parisiens firent pleuvoir sur les artistes un torrent de sarcasmes. L'un dit

---

[4] **une centaine:** about a hundred; **des centaines:** hundreds. See §4.10.

[1] **le salon:** drawing room, parlor; salon; **le Salon:** annual art show.
[2] **tenter:** to attempt; to tempt (*depending on context*).
[3] **la toile:** linen; canvas (*depending on context*).
[4] **permit:** past definite of **permettre.** See §8.22, note 18.
[5] **toucher au but:** to reach one's goal.
[6] **le lever du soleil:** sunrise. [Cf. **le coucher du soleil:** sunset.]
[7] **l'étiquette:** (*f.*) tag; price tag; label (*depending on context*).

qu'ils devraient se faire examiner par un médecin aliéniste. L'autre proclama que le gouvernement était coupable de laisser exposer de telles horreurs. Un autre enfin leur suggéra qu'ils devraient peindre un combat de nègres dans un tunnel!

Monet ne se laissa pas écraser. Mettant son plus beau costume,[8] il alla à la gare Saint-Lazare de Paris et se fit recevoir par le directeur. Il lui confia qu'il désirait peindre sa gare et qu'il l'avait choisie parce qu'elle était la plus belle de toutes les gares. L'assurance de Monet stupéfia le directeur. Ce dernier[9] ne connaissait rien à[10] la peinture, mais il n'osait pas le dire. Il permit à Monet non seulement de venir peindre sa gare, mais également de rester dans la gare aussi longtemps qu'il le voudrait.

Monet commença à peindre. Il s'installa dans la gare comme un tyran. Comme il lui fallait beaucoup de fumée, il fit venir des locomotives, il fit bourrer les locomotives de charbon.[11] Afin d'avoir encore plus de fumée, il fit retarder l'heure du départ du train de Rouen.

Monet quitta la gare Saint-Lazare après avoir peint une douzaine de toiles. Bientôt un marchand acheta *Les gares*, et les impressionnistes commencèrent à attirer[12] l'attention de leurs premiers admirateurs.

1. J'ai acheté plusieurs journaux afin de pouvoir étudier les diverses opinions politiques.*
2. Le directeur de la banque est un monsieur d'un certain âge.[1]
3. Les grands hommes sont enterrés au Panthéon.
4. J'ai reçu une lettre de Paul la semaine dernière.
5. Nous aurons un examen la dernière semaine du semestre.
6. Ce paysan est un brave[2] homme.
7. Autrefois les gentilshommes avaient pour mission de défendre le pays.
8. Par hasard,[3] j'ai trouvé le livre même dont j'avais besoin.

---

[8] **le costume:** outfit; costume (*depending on context*).
[9] **ce dernier:** *here,* the latter.
[10] **à:** *here,* about.
[11] **le charbon:** coal. [Cf. **le carbone:** carbon.]
[12] **attirer:** to draw, to attract. [Cf. **vêtir:** to dress, to attire.]

* GRAMMAR §14.1.
[1] **d'un certain âge:** of an indeterminate (i.e., *uncertain*) age.
[2] **brave:** good, fine; brave (*depending on context and position*). See §14.1.
[3] **le hasard:** chance. [Cf. **le danger, le péril:** danger, hazard, peril; **la chance:** luck.]

9. Le dictateur a supprimé la liberté de la presse d'un[4] simple trait de plume.

10. La nouvelle édition de ce livre est plus complète que l'ancienne.

<hr>

1. Cet avion vient d'Amérique du Sud.*

2. Les porcelaines qui viennent du Japon sont en général très fines.

3. Au xve (quinzième) siècle, l'art en Bourgogne[1] a eu un développement prodigieux.

4. Ces mosaïques viennent du Caire.[2]

5. Le fameux pont d'Avignon a été le premier pont qu'on ait construit sur le Rhône.

6. La Bretagne[3] et le Pays Basque sont deux régions de la France où les anciennes traditions se sont le mieux conservées.

7. Plusieurs histoires de la Chine ont été écrites par des historiens français.

8. A Paris, il y a une école où l'on[4] enseigne les langues orientales.

9. Il y a beaucoup de canaux dans le nord et dans l'est[5] de la France.

10. Au centre de l'Afrique on trouve d'immenses forêts.

<hr>

1. Pourriez-vous réciter un sonnet par cœur?†

2. Je n'accepterai jamais ces termes, dit-il.

3. A peine[1] les délégués furent-ils réunis que la discussion commença.

---

[4] **de:** *here*, with. See §14.4.

* GRAMMAR §§14.2–14.4.
[1] **la Bourgogne:** Burgundy.
[2] **le Caire:** Cairo.
[3] **la Bretagne:** Brittany.
[4] Note that when l' precedes **on** it has no meaning. It has been added to make the pronunciation easier and more harmonious.
[5] **l'est:** (*m.*) east.

† GRAMMAR §14.5.
[1] **à peine:** hardly. [Cf. **la peine:** pain; difficulty (*depending on context*); **plein, -e:** full.]

4. Peut-être retrouvera-t-on un jour le manuscrit original.
5. Les paysans du Moyen Age n'étaient guère heureux. Du moins étaient-ils libres.
6. En vain chercha-t-on à la convaincre.
7. Rarement voit-on un vase antique dans un état aussi parfait.
8. Sans doute les voyages interplanétaires seront-ils courants d'ici quelques années.
9. Rares sont les artistes qui n'ont jamais eu de difficultés financières.
10. Au Moyen Age, les routes étaient rares et en mauvais état, aussi[2] voyageait-on peu.

---

1. Les étudiants ont toujours peur que le professeur ne leur donne un examen sans les prévenir.*
2. Mes amis sont partis avant que je ne puisse leur dire au revoir.
3. Je ne sais si je pourrai vous aider aujourd'hui.
4. Il faut éviter que les livres de la bibliothèque ne soient déplacés.
5. Paris est une ville plus industrialisée que les Américains ne pensent.
6. Personne ne doute qu'il n'y ait beaucoup de pauvres en Amérique du Sud.
7. Un vrai savant n'ose annoncer une découverte avant d'avoir fait de multiples vérifications.
8. La réunion aura lieu demain matin à moins que le professeur ne soit malade.
9. Prenez garde[1] qu'on ne puisse vous accuser d'injustice.
10. L'étude du français est moins difficile que vous ne pensiez.

---

1. On ne devrait jamais attendre la dernière minute pour faire son travail.†

---

[2] **aussi:** *here*, therefore.
* GRAMMAR §14.6.
[1] **prendre garde:** beware.
† GRAMMAR §§14.7–14.11.

2. Au XIXe (dix-neuvième) siècle, des femmes et même de jeunes enfants travaillaient dans les mines.

3. Toute lettre non[1] signée sera jetée.

4. La question était si simple que tous les étudiants ont donné la même réponse.

5. Tout homme a besoin de repos, quel que soit son âge.

6. Vu[2] la gravité de la situation, toute erreur risque d'être fatale.

7. Je suis arrivé au moment même où le train partait.

8. Le trésor comprenait quelque deux cents objets précieux.

9. Quand on pénètre pour la première fois dans une cathédrale gothique, quelle surprise éprouve-t-on!

10. La réception devait avoir lieu en plein air[3] mais, à cause de la pluie, il a fallu la tenir à l'intérieur.

11. On n'aurait pas dû démolir ce vieux château.

12. J'aurais dû étudier tout le programme[4] avant l'examen.

13. Grâce à la police secrète, ce dictateur sait tout ce qui se passe.

14. Personne ne peut tout savoir, pas même les professeurs.

15. Les tours de Notre-Dame se dressent au milieu de Paris depuis quelque 700 (sept cent) ans.

16. Il y a presque toujours quelque chose de triste dans les films modernes.

17. Pendant la guerre, tout le monde travaillait, même les vieux.

18. Cet historien sait aller au cœur même des problèmes.

19. Vous pouvez maintenant enrichir votre connaissance du français tout en lisant ce qui vous intéresse.

20. Les Français répètent souvent cette vieille maxime populaire: tout a une fin.

---

[1] Note that **non** is often the equivalent of English *un-*.
[2] **vu:** *here*, considering.
[3] **en plein air:** in the open air (*lit.*, in full air).
[4] **le programme:** *here*, assigned material.

READINGS

DICTIONARIES

As soon as a student begins to read modern French prose, he finds out that short dictionaries are of very little use. In order to accustom you to using a French dictionary, we have not attempted to put all of the new words that you will encounter in these readings into the end vocabulary. As a result, we strongly advise you to select a dictionary that has a general scope and offers accurate, up-to-date information and precise examples. We recommend the following:

Baker, E. A., ed., *Cassell's French-English, English-French Dictionary*, 5th rev. ed. New York: Funk & Wagnall's Company, 1959.

Dubois, M.-M., ed., *Larousse Modern French-English, English-French Dictionary*. New York: Tudor Publishing Co., 1965.

Mansion, J. E., ed., *Mansion's Shorter French and English Dictionary*. Boston: D. C. Heath and Company, 1947. This dictionary is convenient and highly recommended.

The following is a remarkable reference book, but is best suited to the needs of more advanced students:

Mansion, J. E., ed., *Heath's Standard French and English Dictionary*, 2 vols. bound with 1955 supplement. Boston: D. C. Heath and Company, 1948.

MA VIE ET MA PENSÉE

Deux expériences projettent leur ombre sur mon existence: la première est la constatation que le monde est inexplicablement mystérieux et plein de souffrance; la seconde, le fait que je suis né[1] à une époque de déclin spirituel de l'humanité.

§8.16

Mon existence a trouvé sa base et son orientation à partir du[1] moment où j'ai reconnu le principe du respect de la vie, qui implique[2] l'affirmation éthique du monde.

§§7.13/5.21

C'est ainsi que j'ai pris position et que je voudrais travailler à rendre les hommes plus profonds et meilleurs, en les amenant[3] à penser sur eux-mêmes. Je suis en désaccord avec l'esprit de ce temps, parce qu'il est plein de mépris[4] pour la pensée.

§11.8
§13.11
§14.8

. . . Les collectivités organisées, politiques, sociales et religieuses de notre temps s'efforcent d'amener l'individu à ne pas forger lui-même ses convictions, mais à s'assimiler seulement celles qu'elles tiennent toutes prêtes[5] pour lui. . . .

§§6.3/7.4
§11.17
§14.11

Tous les groupements constitués recherchent aujourd'hui leur force moins dans la valeur spirituelle des idées qu'ils représentent et des hommes qui leur appartiennent, que dans leur complète et exclusive unité. C'est de cette unité qu'ils croient tenir leur plus grande puissance offensive et défensive. . . .

§2.19
§5.11

Lorsqu'on me demande si je suis pessimiste ou optimiste, je réponds qu'en moi la connaissance est pessimiste, mais le vouloir[6] et l'espoir sont optimistes.

Je suis pessimiste lorsque je sens tout le poids de ce qui . . . semble dénué de raison dans le cours[7] des événements du monde. . . .

§11.19

Je me représente[8] dans toute son étendue la misère spirituelle et

---

[1] **à partir de**: ever since; from. [Cf. **partir**: to leave.]

[2] **impliquer**: to imply; to implicate (*depending on context*).

[3] **amener**: to bring; to draw (*depending on context*). [Cf. **mener**: to take; to drive; to lead.]

[4] **le mépris**: contempt, scorn. [Cf. **mépriser**: to despise; to scorn; **méprendre**: to mistake, to be mistaken.]

[5] **prêt, -e**: ready. [Cf. **prêter**: to loan, to lend; **le prêt**: loan.]

[6] **le vouloir**: will; intention. [Cf. **le désir**: desire, wish; **vouloir**: to want.]

[7] **le cours**: course. [Cf. **la course**: race; **la cour**: court.]

[8] **se représenter**: to imagine, to visualize.

49

§7.11 matérielle à laquelle l'humanité d'aujourd'hui s'abandonne. . . .

Et cependant je demeure optimiste. J'ai confiance que l'esprit
§§4.4/2.20 né de la vérité a plus de puissance que la force des circonstances. . . .

Parce que j'ai confiance en la puissance de la Vérité et de l'Esprit, je crois à l'avenir de l'humanité.

ALBERT SCHWEITZER, *Ma Vie et ma pensée* (Paris: Editions Albin Michel, 1960), pp. 243–244, 265–266. Reprinted by permission of the publisher

VERSAILLES

Versailles est la plus belle réussite artistique du monde moderne.
§§5.21/6.3 . . . Qui[1] veut s'initier au génie français à deux moments élus de son histoire doit étudier Reims et Versailles. Reims est d'inspiration
§7.3 plus haute: c'est la maison de Dieu. Versailles n'est que le palais
§5.10 d'un roi divinisé, mais deux générations d'hommes y ont mis . . . les meilleures qualités d'un peuple, assemblées, ordonnées, magni-
§2.6 fiées. Exposition toujours neuve, apothéose éblouissante de l'art et des métiers, Versailles établit jusqu'aux extrémités du monde la réputation de nos artisans, de nos artistes et de nos manufactures. . . .
§§8.9/8.22/ C'est en 1682 seulement que le Roi vint se fixer[2] à Versailles.
6.3 §8.4 La [grande] galerie n'avait pas encore de plancher, et dans sa
§8.22 chambre les dorures n'étaient pas sèches. Il vécut des années au
§13.17 milieu des maçons et des peintres; il faut l'imaginer visitant les chantiers, avec du plâtre dans sa perruque. . . .
§8.16 . . . A cette date, la Cour est devenue énorme. Elle n'est pas
§7.16 d'institution[3] nouvelle, car tous les rois ont eu la leur, mais elle a
§14.1 absorbé d'un seul coup la clientèle factieuse des princes et des grands. Instruit par les troubles de la régence, Louis XIV (quatorze)

---

[1] **qui:** *here,* whoever.
[2] **se fixer:** to establish oneself. [Cf. **fixer:** to stop; to affix.]
[3] **n'est pas d'institution:** n'est pas une institution.

§§11.17/11.6　a réuni sous sa main tous les chefs possibles de sédition, tous ceux dont les châteaux pourraient servir de lieux d'assemblées. C'est
§§5.2/13.7　vers lui seul qu'on accourt[4] pour faire fortune. Et ils sont nombreux
§14.1　les gentilshommes en quête d'emploi, car les guerres de religion,
§§2.10/14.11　les luttes civiles et la baisse[5] des revenus féodaux les ont tous à demi ruinés. Le Roi les amuse, les surveille et les domestique avec la même
§5.11　scrupuleuse attention. Il leur distribue ses grâces, pensions, abbayes et régiments; il arrange leurs mariages, établit les fils, dote[6] les filles, apaise les querelles et, à l'occasion,[7] paie les dettes trop
§6.6　criardes. C'est à la Cour que se gagnent les emplois, l'estime, la
§13.17　fortune, le crédit. Mais il faut être assidu et obéir.

PIERRE GAXOTTE, *La France sous Louis XIV* (Paris: Librairie Hachette, 1946), pp. 159, 165. Reprinted by permission of the author and publisher.

LES LANGUES DE L'EUROPE

§§11.19/3.5　Ce qui domine l'histoire linguistique de l'Europe depuis le début[1] du Moyen Age, c'est l'émergence progressive des langues de civilisation[2] qui ont été, d'une part l'expression d'une littérature plus ou moins brillante, d'autre part l'organe administratif, judiciaire puis scolaire et didactique d'un grand état. . . .

§14.11　Toute langue littéraire est un dialecte qui, sous l'action combinée des écrivains et des orateurs, des grammairiens, des académies et

---

[4] **accourir:** to rush. [Cf. **courir:** to run.]
[5] **la baisse:** lowering, diminution. [Cf. **baisser:** to lower.]
[6] **doter:** to dower; to endow (*depending on context*). [Cf. **la dot:** dowry; **donner:** to give; **le don:** gift.]
[7] **à l'occasion:** at times, on occasion.

[1] **le début:** beginning. [Cf. **débuter:** to begin.]
[2] **de civilisation:** cultural.

§8.15   autres groupements intellectuels, s'est enrichi et s'est affiné comme
          instrument de pensée. . . .
               Par un mouvement parallèle et en sens contraire, les langues
          régionales d'une nation . . . déchoient[3] peu à peu du fait qu'elles[4]
          sont abandonnées par les milieux cultivés et qu'elles ne servent pas
          de véhicule à[5] la pensée. . . . Cette déchéance sociale, très variable
§6.6   suivant[6] les régions, s'affirme sur le plan linguistique par un ap-
          pauvrissement du lexique et de la syntaxe.
               Le français est, à l'origine, le dialecte de Paris et de l'Ile-de-
§8.9   France[7]. . . . La dynastie capétienne[8] assura la fortune du français :
§8.22   installée à Paris, elle fit de cette capitale une métropole, puis la
          capitale des terres de France qu'elle rassembla[9] peu à peu sous son
§8.6   sceptre ; en même temps Paris devenait un foyer intellectuel, déjà
          important à la fin du xiie (douzième) siècle. L'unité française est
§§3.7/13.15   réalisée à la fin de la guerre de Cent Ans : dès cette époque, les
§5.3   dialectes d'oïl[10] ne sont plus employés comme langues littéraires.
          . . . A partir du xvie (seizième) siècle, le Midi[11] donne ses écrivains
          à la langue française. Par l'ordonnance de Villers-Cotterêts de 1539
§3.7   (qui évinçait[12] le latin, mais aussi les dialectes) le français devient
          la langue administrative et judiciaire de toutes les possessions
          royales.
               Le français possède les plus anciens textes des langues romanes.[13]
§13.15   Son évolution a donc pu être reconstituée à l'aide de nombreux
§§14.11/5.17/   jalons. De tout le groupe néo-latin, c'est lui qui s'est le plus éloigné
8.15   de ses origines, par suite d'une contraction progressive des mots. . . .
§6.6   Cette tendance s'explique surtout par le substrat gaulois, qui a
          profondément marqué le français : affaiblissement des consonnes
          médianes, chute des voyelles atones, diphtongaison des voyelles
          toniques en bas latin[14]. . . .

---

[3] **déchoir**: to decline. [Cf. **la déchéance**: decline, downfall ; **choir**: *arch.*, to fall ; **la chute**: fall.]

[4] **du fait que**: due to the fact that.

[5] **à**: *here*, for.

[6] **suivant, -e**: following ; depending on.

[7] **l'Ile-de-France**: (*f.*) province of which Paris is the capital. [Cf. **l'île**: (*f.*) island.]

[8] **capétien, capétienne**: pertaining to the dynasty founded by Hugues Capet (c. 941–996), king of France (987–996).

[9] **rassembler**: to gather, to collect. [Cf. **ressembler à**: to resemble.]

[10] **les dialectes d'oïl**: the dialects spoken in Northern France (*from* oïl: yes, *as pronounced in that area*). [Cf. **les dialectes d'oc**: the southern dialects (*from* oc: yes, *as pronounced there*).]

[11] **le Midi**: southern France.

[12] **évincer**: to throw out, to evict. [Cf. **montrer, manifester**: to show, to evince.]

[13] **roman, -e**: Romance (*i.e.*, derived from Latin). [Cf. **romain, -e**: Roman.]

[14] **en bas latin**: in Low Latin. [Cf. **en bas**: below.]

§7.13 Le bon français est prononcé avec netteté. Le caractère logique et bien construit des phrases, où les mots outils (articles, prépositions et autres particules) jouent un rôle de précision, lui a donné cette
§§3.5/13.15 clarté qui lui est depuis longtemps reconnue.

ALBERT DAUZAT,
L'Europe linguistique
(Paris: Editions Payot,
1953), pp. 5–6, 57–58.
Reprinted by permission
of the publisher.

ROBINSON CRUSOÉ

§14.5   Rares sont les hommes qui ont suscité autant d'admiration et
§2.20 d'envie que Robinson Crusoé: les enfants de tous les pays, du midi
§5.14 au septentrion et de l'orient à l'occident, en ont fait leur roi, leur
§6.3 oracle, leur dieu. Ils cherchent à se confectionner un accoutrement
§7.16 pittoresque qui ressemble au sien; ils frissonnent longuement à la
§4.4 vue de l'empreinte; ils trépignent d'impatience à l'idée que Vendredi sera peut-être rejoint par ses bourreaux. Bientôt ils se substituent à Robinson et vivent sa vie dans le royaume des rêves. . . . Plus
§10.6 tard, lorsqu'ils seront fatigués du tourbillon du monde, ils soupireront ardemment après l'île de solitude, pour trouver le repos et la sérénité du corps et de l'esprit. . . . Y a-t-il autant d'œuvres
§12.11 humaines qui suscitent autant d'enthousiasme ou qui fassent autant
§14.8 penser? Y a-t-il même en dehors du domaine féerique des livres qui
§§4.10/12.16/ aient si peu vieilli? Nous ne le croyons pas. Sans doute trouverons-
5.7/14.5 nous en Robinson des traits de caractère qui datent, et peut-être en
§14.5 serons-nous choqués. . . . Mais Robinson est si profondément humain que la satire ne saurait[1] diminuer son prestige. Deux siècles
§7.5 n'ont pu effacer son nom du grand livre où sont inscrits les mythes éternels qui charment l'humanité en la rendant meilleure. . . .
§3.14   Cherchons dans Robinson Crusoé une grandiose leçon d'espoir.

---

[1] **savoir:** *here*, can.

§5.10   Cherchons-y les éléments constructifs d'un chef-d'œuvre littéraire.

§8.4   Mais n'y cherchons pas les touches artistiques que son auteur était incapable de donner: un roman écrit au jour le jour,[2] avec une hâte

§7.5   fébrile, ne peut être[3] une œuvre d'art. Laissons de côté[4] les *Nouvelles*

§11.14   *Aventures*, qui auraient peut-être été intéressantes si Defoe . . . avait résisté aux instances de son éditeur,[5] désireux de profiter du succès triomphal du premier volume pour lancer une «suite».[6] Un ouvrage, composé en trois mois pour exécuter, coûte que coûte,[7]

§§7.3/3.13   un contrat avantageux, ne peut nous satisfaire. . . . Ne retenons que la première partie de la vie de Robinson, et plus particulièrement son séjour dans l'île déserte; le sujet est si poignant, les scènes

§4.10   ont tant de relief,[8] que les fautes de détail disparaissent ou s'estompent.

§13.18   . . . Il n'est pas de contrée, il n'est pas de milieu social, où le nom de Robinson Crusoé n'éveille immédiatement à la mémoire le souvenir[9] d'un homme isolé sur une île déserte, au large de[10] la côte américaine. Quand un livre jouit d'une telle[11] notoriété, quand il a

§11.20   fait la conquête de l'enfance, sans pour cela cesser d'intéresser l'âge mûr,[12] il est assuré de l'immortalité. Là où Defoe est inconnu, Robinson règne en maître sur les imaginations. L'un appartient à l'histoire de la littérature, l'autre appartient à l'humanité toute

§14.11/10.4   entière,[13] et nous sommes persuadés qu'il ne mourra jamais, tant qu'il y aura des enfants pour rêver d'aventures lointaines et des hommes pour souhaiter le calme dans la solitude.

PAUL DOTTIN, *Daniel
Defoe et ses romans*
(Paris: Presses Univer-
sitaires de France, 1924),
pp. 544–546. Reprinted
by permission of the
publisher.

---

[2] **au jour le jour:** from day to day (*lit.*, to the day the day).

[3] Do not confuse **il peut être** (he can be, he may be) with **peut-être** (perhaps, maybe).

[4] **de côté:** aside, toward one side. [Cf. **le côté:** side; **la côte:** coast; rib.]

[5] **l'éditeur:** (*m.*) publisher.

[6] **la suite:** succession; sequence; sequel; suite (*depending on context*). [Cf. **suivre:** to follow.]

[7] **coûte que coûte:** at any price [*lit.*, cost what (it) costs].

[8] **le relief:** relief (as in sculpture); projection; vividness (*depending on context*). [Cf. **le soulagement:** relief; comfort.]

[9] **le souvenir:** memory. [Cf. **la mémoire:** (faculty of) memory.]

[10] **au large de:** off(shore). [Cf. **large:** wide; **la largeur:** width; **le large:** room, space; open sea.]

[11] **un(e) tel(le):** such, such a.

[12] **mûr, -e:** ripe, mature (*depending on context*). [Cf. **le mur:** wall.]

[13] **tout entier, toute entière:** as a whole.

LA SOCIÉTÉ MEXICAINE
AU DÉBUT DU XVIᵉ SIÈCLE

§9.3 La structure sociale de la tribu[1] mexicaine, pendant sa migration et lors de[2] son arrivée dans la vallée centrale, était demeurée assez simple et essentiellement égalitaire. Paysans-soldats,[3] les *Mexica* §§8.5/6.3 s'arrêtaient, quelquefois pour plusieurs années, dans les régions fertiles, livraient bataille[4] pour se frayer un passage ou arracher §14.10 quelque terre cultivable à[5] ses possesseurs, et poursuivaient leur §13.11 marche en portant sur leur dos leurs maigres biens.[6]

§7.2 Une telle existence n'exigeait ni différenciation des fonctions sociales, ni apparition d'un pouvoir[7] organisé. Chaque chef de famille, à la fois guerrier et agriculteur, participait avec les autres §7.13 aux palabres[8] d'où sortaient les décisions importantes: quant au[9] §14.11 niveau de vie des Aztèques, il était le même pour tous: égalité dans la pauvreté.

§14.1 Seuls les prêtres qui cumulaient leurs charges sacerdotales avec une sorte de commandement militaire et d'autorité générale sur l'ensemble, formaient à cette époque l'embryon d'une classe dirigeante et le noyau d'un pouvoir. Cette organisation rudimentaire §13.12 suffisait. Lorsque les Mexicains, voulant imiter leurs voisins plus évolués et se hausser au degré[10] des cités, essayèrent une première §6.3 fois de se donner un monarque, leur tentative sombra dans une catastrophe. Quand ils fondèrent leur ville, leur structure sociale et §11.17 politique n'était pas différente de celle qu'ils avaient connue pendant leur longue pérégrination.

§14.9 Au début du XVIᵉ (seizième) siècle, quel changement![11] La §8.15 société mexicaine s'est différenciée, compliquée et hiérarchisée. Des §3.7 fonctions distinctes sont exercées par des catégories distinctes de la population, des dignitaires commandent et disposent de vastes

---

[1] **la tribu:** tribe. [Cf. **le tribut:** tribute.]
[2] **lors de:** at the time of. [Cf. **lorsque:** when.]
[3] **paysans-soldats:** peasant soldiers (a compound made up by the author).
[4] **livrer bataille:** to wage war. [Cf. **livrer:** to hand over, to deliver.]
[5] **arracher (à):** to take (from) by force; to pluck.
[6] **le bien:** (*usually pl.*) property; wealth.
[7] **le pouvoir:** power. [Cf. **pouvoir:** to be able.]
[8] **la palabre:** lengthy discussion; palaver.
[9] **quant à:** as to. [Cf. **quand:** when.]
[10] **le degré:** degree; standard; level (*depending on context*).
[11] **le changement:** change, modification.

§7.3   pouvoirs. La prêtrise, importante et honorée, <u>ne</u> se confond <u>plus</u> avec l'autorité militaire ou civile. Le commerce brasse d'énormes

§11.17   quantités de marchandises précieuses, et <u>ceux</u> qui s'y adonnent voient grandir leur influence. La richesse et le luxe apparaissent, et en même temps la misère.

§6.6   Enfin un Etat se superpose aux vieux rouages très simples de la tribu, dirige une administration, <u>conçoit</u> et applique une politique extérieure; au faîte[12] de cet édifice, un homme brille d'un tel éclat que les yeux du vulgaire se baissent devant lui: c'est . . . l'empereur, entouré de ses conseillers et de ses hauts fonctionnaires. La

§6.6   transformation a été profonde et <u>s'est accomplie</u> en un temps très bref. La démocratie tribale a fait place à une monarchie aristocratique et impérialiste.

JACQUES SOUSTELLE, *La Vie quotidienne des Aztèques* (Paris: Librairie Hachette, 1955), pp. 62–64. Reprinted by permission of the publisher.

L'IMPÉRIALISME ROMAIN

§3.7   Les sujets des Césars <u>sont</u> des citoyens pénétrés[1] de la valeur de la personne humaine. Ils se soumettent aux lois qui règlent leurs

§5.13   rapports et leurs libertés. Ils aiment la paix qu'elles <u>leur</u> procurent. . . . Intellectuellement, ils ont recueilli, filtré l'héritage de la pensée

§2.7   grecque. Moralement, ils ont dégagé de ses philosophies discordantes[2]

§4.5   une moyenne d'honnêteté obligatoire. . . .

    . . . L'archéologue s'émerveille aujourd'hui de retrouver sous tous les climats, en Bretagne et en Bétique,[3] aux confins du Sahara

---

[12] **le faîte**: summit, top. [Cf. **le fait**: fact.]

[1] **pénétré, -e**: *here*, convinced. [Cf. **pénétrer**: to pierce, to penetrate.]
[2] **discordant, -e**: *here*, conflicting.
[3] **la Bétique**: Baetica (Roman name for Andalusia).

§8.5 et du désert de Syrie, les mêmes édifices, cirques,[4] thermes,[5] théâtres . . . que les constructeurs romains érigeaient dans tous les pays ouverts à leur activité. . . . Nous devons surtout admirer qu'une telle parure réponde à l'accord des âmes . . . et envier Rome

§§13.8/5.16 7.11 d'avoir rassemblé autour d'elle, dans un décor[6] sur lequel elle a mis sa marque, l'unanimité des intelligences et des cœurs. Les

§5.14 Européens d'aujourd'hui en paraissent fort éloignés.

Trop longtemps la merveilleuse épopée des batailles romaines

§5.11 nous a caché le secret de l'Empire romain. Le peuple[7] impérial . . .

§13.15 a grandi parce que ses armes étaient contenues[8] par sa modération, agitées d'un souffle[9] nouveau de générosité. Alors que la loi d'airain[10]

§8.5 de la guerre antique livrait les vaincus à la discrétion des vainqueurs, il a dédaigné systématiquement de l'exercer jusqu'au bout. Au lieu

§§13.8/11.17/ 9.3/8.10 §5.11 d'enlever[11] tout à ceux que son glaive avaient abattus, il se borna à[12] leur prendre une partie de leur territoire . . . au lieu de les réduire en esclavage, il leur tendait la main et leur ouvrait les portes de sa cité. . . . Il préféra les gagner à son amitié; et son pouvoir

§8.6 d'attraction augmenta à mesure que rayonnait davantage l'éclat de sa raison.

. . . Quand nous essayons d'embrasser[13] d'ensemble[14] cette histoire prodigieuse, nous voyons la conquête se répandre[15] sur le monde comme une fédération de plus en plus vaste de patries de

§12.13 plus en plus étroitement unies entre elles. Que cette image véridique

§12.16 de la plus splendide création politique qu'aient connue les hommes, inspire les dirigeants de l'Europe contemporaine!

JÉRÔME CARCOPINO, *Les Etapes de l'impérialisme romain* (Paris: Librairie Hachette, 1961), pp. 260–263. Reprinted by permission of the publisher.

---

[4] **le cirque**: circus. [Cf. **le cercle**: circle.]

[5] **les thermes**: (*m. pl.*) public baths.

[6] **le décor**: setting; framework.

[7] **le peuple**: people (nation); working class, populace; (*pl.*) peoples, nations. [Cf. **les gens**: (*m./f. pl.*) people (in all other senses).]

[8] **contenir**: to contain. [Cf. **continuer**: to continue.]

[9] **le souffle**: breath. [Cf. **souffler**: to breathe; to blow; **le soufflet**: slap; **souffleter**: to slap.]

[10] **d'airain**: brazen, made of bronze.

[11] **au lieu de**: instead of. [Cf. **le lieu**: place.]

[12] **se borner à**: to be satisfied with. [Cf. **borner**: to limit, to restrain, to moderate.]

[13] **embrasser**: to embrace; to kiss (*depending on context*). [Cf. **embarrasser**: to embarrass.]

[14] **d'ensemble**: as a whole.

[15] **se répandre**: to spread. [Cf. **répandre**: to disperse; **répondre**: to answer.]

LE STYLE DE SHAKESPEARE

§11.19 Le style explique l'œuvre. . . . Shakespeare imagine avec surabondance et avec excès; il répand les métaphores avec profusion sur tout ce qu'il écrit; à chaque instant, les idées abstraites se changent chez lui[1] en images; c'est une série de peintures qui se déroule dans son esprit. Il ne les cherche pas, elles viennent d'elles-mêmes; elles se pressent[2] en lui, elles couvrent les raisonnements.

§7.2 . . . Il ne travaille point à expliquer ni à prouver, tableau sur tableau, image sur image; il copie incessamment les étranges et

§6.4 splendides visions qui s'engendrent les unes les autres et s'accumulent en lui. . . . Au lieu d'un chemin uni, tracé par une suite régulière de jalons secs et sagement plantés, vous entrez dans un bois touffu d'arbres entrelacés et de riches buissons. . . .

§7.3
§13.7 Chez Shakespeare, nulle préparation, nul ménagement, nul développement, nul soin pour se faire comprendre. . . . Il franchit[3] entre deux mots des distances énormes. . . .

. . . Les sonnets sont un délire d'idées et d'images creusées avec un acharnement qui donne le vertige. Cette fécondité exubérante porte à l'excès des qualités déjà excessives, et centuple le luxe des métaphores, l'incohérence du style et la violence effrénée des expressions.

§8.5
§§7.3/7.16 . . . Les objets entraient organisés et complets dans son esprit; ils ne font que passer dans le nôtre, désarticulés, décomposés, pièce par pièce. Il pensait par blocs, et nous pensons par morceaux: de là son style et notre style, qui sont deux langues inconciliables. Nous autres,[4] écrivains et raisonneurs . . . nous avançons par degrés, nous suivons les filiations[5] . . . nous essayons de traiter nos mots comme des chiffres, et nos phrases comme des équations; nous

§§7.3/2.10/
14.1 §7.11 n'employons que des termes généraux que tout esprit peut comprendre et des constructions régulières dans lesquelles tout esprit doit pouvoir entrer. Nous atteignons la justesse et la clarté, mais non la vie. Shakespeare laisse là la justesse et la clarté et atteint la vie. . . .

§7.4
§11.20 Aucune de ses phrases ne note des idées, toutes suggèrent des images. . . . C'est pour cela que Shakespeare est étrange et

---

[1] **chez lui:** *here*, in his case.
[2] **se presser:** to hasten, to rush; to crowd (*depending on context*). [Cf. **presser:** to press; to rush (someone).]
[3] **franchir:** to leap. [Cf. **franc, franche:** free; frank.]
[4] **nous autres:** we (*emphatic*).
[5] **la filiation:** logical line (of thought). [Cf. **le fil:** wire, thread.]

§2.21 puissant, obscur et créateur[6] par delà tous les poètes de son siècle et de tous les siècles . . . le plus capable d'éveiller en nous un monde de formes, et de dresser en pied[7] devant nous des personnages[8] vivants.

HIPPOLYTE TAINE,
*Histoire de la littérature
anglaise* (1863).

L'ESPRIT FRANÇAIS

§5.2   L'esprit français révèle immédiatement, quand on le considère, deux tendances contradictoires. . . .

§14.8   Il y a d'abord une tendance pratique et même terre à terre[1] qui s'exprime surtout dans le tempérament et le comportement tradi-

§5.14   tionnel du paysan. L'origine en est, je crois principalement celtique,

§14.8   car le Celte, même erratique, poète ou fantaisiste, est attaché à la

§11.19 famille, au sol,[2] à tout ce qui l'enracine dans son milieu. . . . Comme chef de famille, comme membre de cette famille ou comme individu, le Français témoigne d'un[3] sens étroit de l'intérêt matériel, d'un goût presque passionné pour la propriété individuelle. . . .

§11.19 Dans les affaires, c'est un être de bon sens, possédant à un remarquable degré l'esprit de mesure[4]. . . . Bref,[5] dans l'existence de chaque jour, c'est un réaliste, qui a le pied sur la terre. . . . Les affaires des Français sont en général bien gérées, du moins quand

§5.16   guerres et catastrophes ne fondent pas sur[6] eux. . . . Ils n'aiment

---

[6] **créateur, créatrice:** creative. [Cf. **le créateur, la créatrice:** creator.]
[7] **dresser en pied:** to erect (*lit.*, to stand on foot).
[8] **le personnage:** character (in a book, play, etc.). [Cf. **le caractère:** character, personality.]

[1] **terre à terre:** down to earth.
[2] **le sol:** soil, earth. [Cf. **le soleil:** sun.]
[3] **témoigner de:** to show, to manifest, to give proof of. [Cf. **témoigner:** to testify; to witness; to reveal.]
[4] **la mesure:** *here*, moderation.
[5] **bref:** *here*, in short, in brief.
[6] **fondre sur:** to fall upon, to come down upon. [Cf. **fondre:** to melt; **fonder:** to found, to establish.]

§14.7   pas <u>devoir</u> de l'argent, leur budget est en équilibre. . . . Cette sagesse, cet esprit d'épargne, qui frappe l'étranger, sont susceptibles du reste[7] de devenir étroitesse, provincialisme et même, à un certain degré, matérialisme. . . .

§7.3   Ce n'est là toutefois, qu'un aspect de notre caractère, que contredit une tendance[8] non moins évidente, vers l'universalisme, l'idéalisme et le désintéressement. . . . Nous dépassons l'étroitesse nationaliste ou ethnique, pour nous élever à une notion, proprement humaniste, de l'homme, et c'est par là que notre capacité de rayonnement, notre faculté de libérer les esprits, d'ouvrir les fenêtres apparaissent vraiment incomparables. Ce trait est latin, et nous le tenons sans doute de la latinité[9] par[10] le classicisme qui est la base de toute notre

§7.11   éducation et vers <u>lequel</u> nous ramène toujours notre instinct national le plus profond.

. . . Le Français prétend[11] juger et juger par lui-même. . . .

§13.17   S'<u>il</u> lui <u>arrive</u> de suivre fanatiquement, aveuglément une consigne,

§§13.11/14.11   en <u>sacrifiant</u> délibérément <u>tout</u> esprit critique, c'est par dévouement fanatique à un principe, à un système, à une politique, mais ce n'est pas, comme chez l'Allemand, par tempérament d'obéissance. En Amérique on obtient tout de l'individu au nom de l'efficacité, c'est au nom d'un principe qu'on peut tout demander au Français.

ANDRÉ SIEGFRIED, *L'Ame des peuples* (Paris: Librairie Hachette, 1950), pp. 52–55. Reprinted by permission of the publisher.

L'ENFANT DE SEPT ANS

L'âge moyen de sept ans, qui coïncide avec le début de la scolarité proprement dite de l'enfant, marque un tournant[1] décisif

---

[7] **du reste:** moreover. [Cf. **le reste:** rest, remainder.]

[8] Note that the verb precedes the subject in this clause. Such constructions are not unusual in literary French; beware reading **qui** for **que**.

[9] **la latinité:** Latin heritage.

[10] **par:** *here,* via, through.

[11] **prétendre:** to insist, to insist upon; to demand.

[1] **le tournant:** turn; turning-point (*depending on context*).

§§12.10/13.18 dans le développement mental. En chacun des aspects si complexes de la vie psychique, qu'il[2] s'agisse d'intelligence ou de vie affective, de rapports sociaux ou d'activité proprement individuelle, on assiste à l'apparition de formes d'organisations nouvelles, qui achèvent les constructions[3] esquissées au cours de la période précé-

§13.11 dente et leur assurent un équilibre plus stable, tout en inaugurant une série ininterrompue de constructions nouvelles.

Lorsque l'on[4] visite des classes d'écoliers, en une école «active» où liberté est laissée aux enfants de travailler par groupes autant

§7.2 qu'isolément[5] et de parler en travaillant, on ne peut qu'être frappé de la différence entre les milieux scolaires supérieurs à sept ans et les classes inférieures. Chez les petits, on n'arrive pas à distinguer

§11.19 nettement ce qui est activité privée et ce qui est collaboration: les

§§6.4/13.17 enfants parlent, mais on ne sait pas s'ils s'écoutent; et il leur arrive de se mettre à plusieurs[6] au même travail, mais on ne sait pas s'ils s'aident réellement. A voir[7] ensuite les grands, on est frappé par un double progrès: concentration individuelle, lorsque le sujet travaille pour lui, et collaboration effective lorsqu'il y a vie commune. Or,[8] ces deux aspects de l'activité qui débute vers sept ans sont en réalité complémentaires et tiennent aux[9] mêmes causes. . . .

. . . Du point de vue des rapports interindividuels, l'enfant, après sept ans, devient, en effet, capable de coopération, parce qu'il

§§7.2/14.1/ ne confond plus son point de vue propre[10] et celui des autres, mais

11.17 qu'il les dissocie pour les coordonner. La chose est visible dès le langage entre enfants. Les discussions deviennent possibles, avec

§11.19 ce qu'elles comportent[11] de compréhension à l'égard des[12] points de vue de l'adversaire, et de recherche des justifications ou des preuves à l'égard de l'affirmation propre. Les explications d'enfants à enfants se développent, sur le plan de[13] la pensée elle-même. . . .

Le langage «égocentrique» disparaît presque entièrement et les propos[14] spontanés de l'enfant témoignent par leur structure gram-

---

[2] **que:** *here*, whether.
[3] **la construction:** *here*, structure.
[4] See page 43, note 4.
[5] **isolément:** alone, in isolation. [Cf. **l'isolement:** (*m.*) isolation, loneliness.]
[6] **à plusieurs:** several together.
[7] **à voir: quand on voit.**
[8] **or:** but. [Cf. **l'or:** (*m.*) gold.]
[9] **tenir à:** to depend on, to hinge on. [Cf. **tenir:** to hold.]
[10] **propre:** own; proper, clean (*depending on context and position*).
[11] **comporter:** to imply; to involve, to comprise, to include (*depending on context*).
[12] **à l'égard de:** toward; concerning, relative to. [Cf. **l'égard:** (*m.*) consideration.]
[13] **sur le plan de:** on the level of. [Cf. **le plan:** plan, project; plane, level surface (*depending on context*).]
[14] **les propos:** (*m. pl.*) words, expression.

§14.8 maticale elle-même du besoin de connexion entre les idées et de justification logique. . . .

Au lieu des conduites impulsives de la petite enfance, s'accompagnant de croyance immédiate et d'égocentrisme intellectuel, l'enfant à partir de sept ou de huit ans, pense avant d'agir et commence ainsi à conquérir cette conduite difficile de la réflexion.

JEAN PIAGET, *Six Etudes de psychologie* (Paris: Editions Gonthier, 1964), pp. 49–52. Reprinted by permission of the publisher.

LA STRATÉGIE DE LA DISSUASION

La dissuasion, mode de relation entre deux personnes ou deux
§2.17 collectivités, est aussi vieille que le monde . . . ; dans la vie
§13.8 sociale, un individu est dissuadé d'accomplir un acte par la crainte des conséquences possibles, des punitions prévues par la loi ou enfin de la mise à exécution[1] d'une menace proférée par un autre.

Entre deux unités[2] politiques, chacune souveraine et armée, le mécanisme de dissuasion est susceptible également de jouer en
§7.4 l'absence d'une menace explicite. Personne n'a mis en doute, au
§11.15 xxe (vingtième) siècle, que la Suisse se défendrait si elle était attaquée. La Suisse a multiplié les preuves de sa résolution par les sacrifices consentis pour l'armement et l'entraînement de son armée. La force militaire de la Suisse suffisait à rendre coûteuse, pour un agresseur éventuel, l'occupation du territoire. La capacité suisse de dissuader l'agression dépendait à la fois des moyens matériels, accumulés par le gouvernement, et du courage, de la cohésion que
§4.5 les chefs d'état étrangers prêtaient au pays.

Où est la nouveauté de la dissuasion à l'âge nucléaire? La
§§6.3/14.8 réponse se présente d'elle-même à l'esprit: la nouveauté est dans les conséquences matérielles de la mise à exécution de la menace.

---

[1] **la mise à exécution:** carrying out (*lit.*, the putting into execution).
[2] **l'unité:** (*f.*) unit; unity; entity (*depending on context*).

§12.10   <u>Que</u> les armes dites[3] de destruction massive <u>soient</u> incomparables
§11.17   à toutes <u>celles</u> dont l'humanité a fait usage au cours des millénaires
§14.5   écoulés, <u>probablement</u> le lecteur[4] ne l'<u>ignore-t-il</u> pas mais il ne
mesure peut-être pas exactement l'ordre de grandeur[5] de la révolu-
tion militaire. . . .

§14.5   Jamais n'<u>apparut</u> aussi éclatante l'accélération de l'histoire.
§2.20   <u>Moins de</u> dix ans s'écoulèrent[6] entre les bombes de kilotonnes
(milliers de tonnes de T.N.T.) et les bombes de mégatonnes (millions
de tonnes de T.N.T.). Des progrès comparables dans les véhicules
porteurs ont ouvert, après l'âge des bombardiers, l'âge des engins
§§6.6/7.2/   balistiques. La vitesse à l'heure[7] <u>ne se compte plus</u> en <u>centaines</u> mais
§4.10   en <u>milliers</u> de kilomètres. . . .

§8.16   . . . Les détenteurs des appareils[8] thermonucléaires <u>sont devenus</u>
§8.6   de plus en plus prudents au fur et à mesure qu'ils[9] <u>acquéraient</u> une
§§14.11/6.5/   capacité plus grande de destruction. <u>Tout</u> s'est passé depuis . . .
8.15   Hiroshima et Nagasaki, comme si l'humanité s'était juré[10] de
§14.1   recourir aux <u>seules</u> armes d'hier et de stocker les armes de demain.

A n'en pas douter,[11] l'effet le plus visible de l'armement thermonucléaire a été de dissuader les deux Grands de la guerre totale, de
les inciter l'un et l'autre à la modération, de détourner[12] chacun
d'eux de porter atteinte aux[13] intérêts de l'autre. La thèse optimiste
de la paix par la peur (ou, du moins de la limitation des guerres
§6.6   par peur de l'apocalypse thermonucléaire) peut <u>se fonder</u> sur
l'expérience des quinze dernières[14] années.

RAYMOND ARON, *Paix et*
guerre (Paris: Calmann-
Lévy, Editeur, 1962),
pp. 400–403. Reprinted
by permission of the
publisher.

---

[3] **dit, -e:** *here*, so-called.
[4] **le lecteur:** reader. [Cf. **la lecture:** reading.]
[5] **la grandeur:** extent; importance; magnitude, size; nobility (*depending on context*).
[6] **s'écouler:** to go by, to flow by; to slip away (*depending on context*). [Cf. **couler:** to flow.]
[7] **à l'heure:** *here*, per hour.
[8] **l'appareil:** (*m.*) machine, instrument, device (*depending on context*).
[9] **au fur et à mesure que:** as; in proportion as.
[10] **jurer:** to swear. [Cf. **juger:** to judge.]
[11] **à n'en pas douter:** no doubt.
[12] **détourner:** to change the direction of; to turn aside; to dissuade (*depending on context*).
[13] **porter atteinte à:** to interfere with (*lit.*, to bring attack against).
[14] Note that when a number and an adjective modify a noun, the number always precedes.

SOCRATE

§8.9   Socrate . . . fut l'inspirateur de toutes les grandes philosophies
§13.8   de la Grèce, sans avoir apporté de doctrine, sans avoir rien écrit.
§14.11 Socrate met au-dessus de tout l'activité raisonnable,[1] et plus spéciale-
        ment la fonction logique de l'esprit. L'ironie qu'il promène[2] avec
        lui est destinée à écarter les opinions qui n'ont pas subi l'épreuve
§13.11 de la réflexion et à leur faire honte,[3] pour ainsi dire, en les mettant
§14.8   en contradiction avec elles-mêmes. Le dialogue, tel qu'il l'entend,[4] a
        donné naissance à la dialectique platonicienne et par suite[5] à la mé-
        thode philosophique, essentiellement rationnelle, que nous pratiquons
        encore. L'objet de ce dialogue est d'aboutir à des concepts qu'on
        enfermera dans des définitions; ces concepts deviendront les Idées
        platoniciennes; et la théorie des Idées, à son tour, servira de type
        aux constructions, elles aussi rationnelles par essence, de la méta-
        physique traditionnelle. Socrate va plus loin encore; de la vertu
§14.8   même il fait une science; il identifie la pratique du bien avec la
§5.14   connaissance qu'on en possède; il prépare ainsi la doctrine qui
        absorbera la vie morale dans l'exercice rationnel de la pensée.
§§13.15/10.12 Jamais la raison n'aura été placée plus haut. Voilà du moins ce
§§11.19/3.14   qui frappe d'abord. Mais regardons de plus près. Socrate enseigne
        parce que l'oracle de Delphes a parlé. Il a reçu une mission. Il est
§12.8   pauvre et il doit rester pauvre. Il faut qu'il se mêle au peuple, . . .
        que son langage rejoigne le parler[6] populaire. Il n'écrira rien pour
§12.12 que sa pensée se communique vivante à des esprits qui la porteront
        à d'autres esprits. . . . Bref, sa mission est d'ordre religieux et
        mystique, au sens où nous prenons aujourd'hui ces mots. Son
        enseignement, si parfaitement rationnel, est suspendu à quelque
        chose qui semble dépasser la pure raison. . . . Si les propos ins-
        pirés, en tout cas[7] lyriques qu'il tient[8] en maint[9] endroit des dialo-
§11.15 gues de Platon n'étaient pas de Socrate, mais de Platon lui-même
§7.12   . . . comprendrait-on l'enthousiasme dont il enflamma ses disciples
        et qui traversa les âges? Stoïciens, épicuriens, cyniques, tous les

---

[1] **raisonnable:** rational; reasonable (*depending on context*). [Cf. **sensible:** sensitive.]
[2] **promener:** *here*, to take, to carry.
[3] **faire honte à:** to put to shame. [Cf. **la honte:** shame, dishonor.]
[4] **entendre:** to hear; to understand (*depending on context*).
[5] **par suite:** as a result, consequently.
[6] **le parler:** expression; manner of speaking (*depending on context*).
[7] **en tout cas:** at any rate, in any case.
[8] **tenir des propos:** to express.
[9] **maint, -e:** many a.

moralistes de la Grèce dérivent de Socrate . . . surtout parce qu'ils lui empruntent l'attitude qu'il a créée . . . l'attitude du Sage.

§13.12   Quand le philosophe, s'enfermant dans sa sagesse, se détache du commun des[10] hommes, c'est Socrate vivant qui est là, Socrate agissant par l'incomparable prestige de sa personne.

HENRI BERGSON, *Les Deux Sources de la morale et de la religion* (Paris: Presses Universitaires de France, 1932), pp. 59–61. Reprinted by permission of the publisher.

LE THÉÂTRE SELON JOUVET

§13.15   Parmi les nombreuses questions qui nous sont posées par les
§5.15   enquêteurs, les curieux d'art dramatique, il en est une qui revient avec une constance touchante et qui témoigne à la fois d'une grande ferveur pour le théâtre et aussi d'une grande ignorance.

Cette question, formulée différemment à chaque fois, tend à vouloir donner du théâtre . . . une définition stable, à tracer la ligne de conduite d'un professionnel.

§5.2   Tantôt on me demande quels sont vos goûts personnels, tantôt
§10.14   on s'enquiert de résumer[1] la tendance actuelle de la production. A chaque époque on veut définir le théâtre. Il est réaliste, symboliste,
§10.14   existentialiste, actuellement le qualificatif progressiste est très en faveur. Etes-vous pour ou contre le théâtre noir ou le théâtre rose? Préférez-vous Claudel ou Sartre? . . . Quel est votre avis[2] sur la mise en scène?[3]

§5.10   On veut une politique du théâtre. On veut y créer aussi des
§6.6   partis. Un étrange besoin de discipline s'y manifeste: en fait, on

---

[10] **le commun de:** the common run of.

[1] **résumer:** to sum up. [Cf. **le résumé:** summary; **recommencer:** to resume, to take up again.]

[2] **l'avis:** (*m.*) opinion; warning (*depending on context*). [Cf. **le conseil:** counsel, advice.]

[3] **la mise en scène:** staging (*lit.*, the putting on stage).

tend vers un conformisme ou un dirigisme du théâtre. On cherche
. . . une doctrine applicable et commode, une vue standard, pour
juger, sentir, pour se faire une opinion.

Le théâtre est le contraire de cet état d'esprit. Le théâtre est le
désordre incarné et pour faire l'éloge du théâtre, il faut commencer
par faire l'éloge du désordre. . . .

§13.5 C'est un désarroi, un tumulte intérieur qui <u>font naître</u> chez le
spectateur la curiosité qui le mène aux portes du théâtre. L'effer-
vescence, le trouble, qui président à son installation dans la salle,
§7.3 nous savons qu'ils <u>ne</u> s'apaiseront <u>que</u> par l'imbroglio d'une intrigue,[4] l'incohérence d'une action offerte dans la discorde des
personnages. Le succès fait à l'œuvre représentée ne sera qu'une
vaste conflagration de polémiques et de conflits. . . .

§7.4 <u>Aucune</u> des manifestations du théâtre <u>n</u>'obéit à une «ligne de
conduite». Aucun des gestes et des rites du vrai théâtre ne procède
d'une «tendance». . . . Les extraordinaires réussites de notre théâ-
§13.15 tre français ne <u>furent obtenues</u>, ne sont confirmées, que dans une
persistante collision des sentiments et des idées.

Louis Jouvet,
Témoignages sur le
théâtre (Paris: Flam-
marion et Cie, 1952),
pp. 245–246. Reprinted
by permission of the
publisher.

L'ÉDUCATION SELON ROUSSEAU

§13.5 La nature a, pour fortifier le corps et le <u>faire croître</u>, des moyens
§§13.17/7.3 qu'on ne doit jamais contrarier. Il <u>ne</u> <u>faut</u> <u>point</u>[1] contraindre un
enfant de rester quand il veut aller, ni d'aller quand il veut rester
en place. Quand la liberté des enfants n'est point gâtée par notre
§7.2 faute, ils <u>ne</u> veulent <u>rien</u> inutilement. Il faut qu'ils sautent, qu'ils

---

[4] **l'intrigue:** (*f.*) plot (of a novel, play, etc.); intrigue (*depending on context*). [Cf. **le complot:** plot (against a nation, etc.).]

[1] **il ne faut pas** (*or* **point**): one must not.

§7.17	courent, qu'ils crient quand ils en ont envie. Tous leurs mouvements
	sont des besoins de leur constitution qui cherche à se fortifier; mais
§11.19	on doit se défier de ce qu'ils désirent sans le pouvoir faire² eux-
	mêmes, et que d'autres sont obligés de faire pour eux. Alors il
	faut distinguer avec soin le vrai besoin, le besoin naturel, du
	besoin de fantaisie qui commence à naître. . . .
§12.7	La nature veut que les enfants soient enfants avant que³ d'être
	hommes. Si nous voulons pervertir⁴ cet ordre, nous produirons
§7.2	des fruits précoces qui n'auront ni maturité ni saveur, et [qui] ne
	tarderont pas à se corrompre: nous aurons de jeunes docteurs et de
§13.8	vieux enfants. L'enfance a des manières de voir, de penser, de sentir,
§14.1	qui lui sont propres. . . .
	Traitez votre élève selon son âge. Mettez-le d'abord à sa place,
§§5.10/5.14	et tenez-l'y si bien qu'il ne tente plus d'en sortir. . . . Ne lui
§§7.6/12.12	commandez jamais rien, quoi que ce soit au monde, absolument
§14.8	rien. Ne lui laissez pas même imaginer que vous prétendiez avoir
§12.13	aucune autorité sur lui. Qu'il sache seulement qu'il est faible et
	que vous êtes fort . . . qu'il sente de bonne heure sur sa tête
	altière le dur joug que la nature impose à l'homme, le pesant
	joug de la nécessité dans les choses, jamais dans le caprice des
	hommes. . . .
§3.15	Posons pour maxime incontestable que les premiers mouvements
	de la nature sont toujours droits: il n'y a point de perversité ori-
	ginelle dans le cœur humain. . . .
§11.5	Oserais-je exposer ici la plus grande, la plus importante, la plus
	utile règle de toute éducation? Ce n'est pas de gagner du temps,
§5.14	c'est d'en perdre. Lecteurs vulgaires,⁵ pardonnez-moi mes para-
§12.12	doxes: il en faut faire quand on réfléchit; et, quoi que vous puissiez
	dire, j'aime mieux être homme à paradoxes qu'homme à préjugés.⁶
	Le plus dangereux intervalle de la vie humaine est celui de la
§7.13	naissance à l'âge de douze ans. C'est le temps où germent les
§12.12	erreurs et les vices, sans qu'on ait encore aucun moyen pour les
	détruire. . . .
	La première éducation doit donc être purement négative. Elle
§13.8	consiste, non point à enseigner la vertu ni la vérité, mais à garantir⁷
§§11.15/7.4	le cœur du vice et l'esprit de l'erreur. Si vous pouviez ne rien faire
§13.6	et ne rien laisser faire; si vous pouviez amener votre enfant sain
	et robuste à l'âge de douze ans . . . dès vos premières leçons les

---

² **sans le pouvoir faire:** quand ils ne peuvent pas le faire.

³ Today this **que** would not be used.

⁴ **pervertir:** *here*, to upset.

⁵ **vulgaire:** *here*, badly informed.

⁶ **le préjugé:** preconception. [Cf. **juger:** to judge.]

⁷ **garantir:** to guarantee; to protect (*depending on context*).

§11.14 yeux de son entendement s'ouvriraient à la raison; sans préjugés, sans habitudes, il n'aurait rien en lui qui pût[8] contrarier l'effet de vos soins. Bientôt il deviendrait entre vos mains le plus sage des hommes; et en commençant par ne rien faire, vous auriez fait un prodige d'éducation.

Jean-Jacques Rousseau,
Emile (1762), Livre II.

L'INITIATIVE DES LOIS

§13.8 La première phase de la procédure législative est, bien entendu,[1] l'initiative, qui consiste à proposer la modification de la législation existante ou la création d'une législation nouvelle. . . .

La démocratie implique que l'initiative des lois appartient en premier lieu aux assemblées élues. De fait,[2] dans tous les pays, les assemblées sont directement dotées du droit de proposer des lois.

§5.4 Mais ce droit, il va de soi,[3] qu'elles le partagent avec l'Exécutif.

§7.12 Les gouvernements, dont la mission consiste à appliquer une politique déterminée, sont, mieux que quiconque,[4] informés des besoins de leur pays, et, étant donné[5] la complexité de plus en plus

§4.3 grande des problèmes à résoudre ils sont techniquement mieux outillés que les parlementaires pour préparer des projets de lois

§12.11 qui puissent offrir toutes les garanties d'ordre juridique. Le droit

§5.13 d'initiative leur est donc reconnu dans la plupart des pays, que

§12.10 les ministres soient ou[6] non membres du parlement. . . .

Dans les régimes de stricte séparation des pouvoirs, comme

§11.17 celui des Etats-Unis, le gouvernement ne possède pas l'initiative

§14.1 des lois. Seuls les membres du Congrès ont le droit de déposer for- mellement des projets de lois. Mais l'Exécutif n'est pas, pour autant,[7]

---

[8] **pût:** *impf. subj. of* **pouvoir.** Today the present of the subj. (**puisse**) would be preferred.

[1] **bien entendu:** of course (*lit.,* well understood).

[2] **de fait:** in fact, actually. [Cf. **le fait:** fact.]

[3] **il va de soi:** it goes without saying (*lit.,* it goes of itself).

[4] **quiconque:** *here,* anyone (else).

[5] **étant donné:** considering, because of.

[6] **que . . . ou:** whether . . . or.

[7] **pour autant:** nevertheless (*lit.,* for as much). [Cf. **pourtant:** however.]

entièrement démuni de pouvoirs dans ce domaine: il peut recommander au Congrès l'examen des mesures qu'il juge opportunes. . . .

§7.4
§5.14

§4.3

En droit[8] parlementaire classique, l'initiative des lois appartient à chaque membre des assemblées, individuellement. Ainsi, dans le plus grand nombre des pays, <u>rien</u> n'interdit à un parlementaire de proposer telle loi nouvelle qu'il juge utile. Il <u>en</u> résulte également que rien n'interdit à plusieurs d'entre eux de grouper leurs initiatives individuelles, s'ils sont d'accord sur la proposition <u>à</u> soumettre. . . .

§14.11

Certains parlements restent pourtant fermement attachés à cette notion de droit individuel: ainsi <u>toute</u> initiative collective est interdite à la Chambre des Représentants des Etats-Unis. . . .

§14.1

Faisant échec au[9] droit parlementaire classique, certains pays ne permettent pas à un député isolé de prendre une initiative législative. Les parlementaires sont obligés de se grouper pour proposer une loi nouvelle. . . . L'initiative collective est souvent utilisée dans certaines démocraties populaires: en Bulgarie, sont <u>seules</u> admises les propositions de loi signées par un cinquième au moins du nombre total des députés; en Roumanie, le consentement de trente membres est nécessaire; celui de quinze suffit en Pologne.

Parlements (Paris: Presses Universitaires de France, 1961), pp. 121–125. Reprinted by permission of the publisher.

LA PRESSE
DANS LA SOCIÉTÉ CONTEMPORAINE

§5.11

Ouvrir un journal, feuilleter[1] un magazine, tourner le bouton de la radio ou de la télévision: autant de gestes familiers qui <u>nous</u>

---

[8] **le droit:** *here,* law (in general). [Cf. **la loi:** (particular) law.]

[9] **faire échec à:** to defeat; to reject (*depending on context*). [Cf. **l'échec:** (*m.*) failure; loss; **échouer:** to fail.]

[1] **feuilleter:** to leaf through. [Cf. **la feuille:** leaf (of a tree, etc.); sheet (of paper).]

§8.16	sont devenus presque aussi nécessaires que l'air à nos poumons et la nourriture à nos corps.
§7.11	La presse est, en effet,[2] un besoin vital pour les sociétés étendues et complexes auxquelles nous appartenons désormais. . . .
§10.14 §2.20 §14.9 §§14.11/7.3/ 7.6	En 1824, les douze quotidiens paraissant à Paris n'avaient pas, à eux tous,[3] soixante mille abonnés. Actuellement, pour le même nombre de journaux parisiens, il y a plus de quatre millions d'acheteurs. Chaque année il paraît[4] en France quelque sept milliards de périodiques de toute nature. Encore n'est-ce plus, maintenant, qu'une fraction de la presse. Vingt-quatre heures sur vingt-quatre ou peu s'en faut,[5] et dans chaque foyer, un ou plusieurs récepteurs captent la rumeur et le reflet de l'univers. A chaque instant nous
§§6.5/8.15 §7.5	voulons savoir «ce qui s'est passé». Ce n'est pas seulement une nécessité pratique mais un appel impérieux de notre esprit, qui ne peut exister hors du temps ni séparé des hommes.
§14.8 §8.22 §§13.8/10.13/ 7.2 §12.11 §2.23 §§14.10/13.5 §§7.3/12.12 §7.2 §7.6	De plus en plus, nous assistons même à ce qui se passe. Le décalage est infime, parfois nul, entre un fait et son image devant nos yeux ou son écho à nos oreilles. Le 5 mai 1821, Napoléon mourait sur son île: les Français durent attendre le mois de juillet pour connaître cette nouvelle. . . . A présent une dépêche fait le tour de la planète en deux minutes. Il n'est, pour ainsi dire,[6] personne qui ne connaisse au moins le nom des plus puissants chefs d'Etat ou celui de bien d'autres vedettes de moindre rang; et la rencontre de deux roitelets[7] dans quelque lieu reculé fait tout aussitôt crépiter des milliers de téléscripteurs et s'agiter des millions d'hommes. Ce n'est encore qu'un début. Où qu'il se soit déroulé, nous sommes— ou allons être bientôt—en mesure[8] de participer sur-le-champ[9] à n'importe quel événement. Rien de ce qui est humain ne nous sera plus étranger.
§13.11	Ces faits ont complètement changé l'aspect du monde en transformant notre manière de le voir. L'homme contemporain échappe aux limites que peuvent explorer ses sens.[10] Il n'est plus ici, ou là, mais partout à la fois dans l'espace et, déjà, le temps.
	La presse est l'instrument essentiel qui a opéré[11] cette mutation. Etablissant, par-dessus les frontières et les océans, le réseau d'une

---

[2] **en effet:** indeed.
[3] **à eux tous:** all together, combined.
[4] **il paraît:** *impers.* there appear(s).
[5] **peu s'en faut:** just about.
[6] **pour ainsi dire:** so to speak.
[7] **le roitelet:** petty king; wren (*depending on context*). [Cf. **le roi:** king.]
[8] **être en mesure:** to be able.
[9] **sur-le-champ:** immediately, on the spot (*lit.*, on the field).
[10] Note that the verb precedes the subject here.
[11] **opérer:** to operate, to work; to bring about; to operate on (*depending on context*).

§13.5   conversation ininterrompue et indéfinie, elle fait connaître à chacun
ce qu'il désire ou doit savoir, et beaucoup plus encore. Inversement,
elle est capable de faire retentir jusqu'aux extrémités de l'univers
la voix du plus faible et du plus ignoré.[12] Elle ne crée rien, sans
doute, mais c'est elle qui met tout en mouvement. Sans elle le
§11.10   Pouvoir serait sans force, l'Economie s'enrayerait,[13] l'Opinion s'af-
folerait. Les individus seraient privés d'impulsion et de cohésion.
Le tumulte s'apaiserait mais la civilisation, telle du moins qu'elle
§8.16   est devenue, disparaîtrait en même temps. On n'est pas obligé
de s'en réjouir mais on doit le constater.

BERNARD VOYENNE, *La
Presse dans la société
contemporaine* (Paris:
Librairie Armand Colin,
1962), pp. 5–6.
Reprinted by permission
of the publisher.

COMMENT TOCQUEVILLE
VOYAIT L'AMÉRIQUE EN 1835

. . . Au milieu de l'incertitude de l'avenir, il y a du moins un
événement qui est certain. A une époque que nous pouvons dire
§13.18   prochaine, puisqu'il s'agit ici de la vie des peuples,[1] les Anglo-
§14.1   Américains couvriront seuls tout l'immense espace compris entre
les glaces polaires et les tropiques; ils se répandront des grèves de
l'océan Atlantique jusqu'aux rivages de la mer du Sud.
§7.11   Je pense que le territoire sur lequel la race anglo-américaine
§14.7   doit un jour s'étendre égale[2] les trois quarts de l'Europe. Le climat
de l'Union est, à tout prendre,[3] préférable à celui de l'Europe; ses

---

[12] **ignoré, -e:** unknown; *here*, insignificant. [Cf. **ignorer:** to be ignorant of, not to know.]
[13] **s'enrayer:** to stall; *here*, to become paralyzed. [Cf. **enrayer:** to brake; to stop.]

[1] **les peuples:** (*m. pl.*) *here*, nations. See page 57, note 7.
[2] Note that this is the verb (**égaler**), not the adjective (**égal, -e**).
[3] **à tout prendre:** as a whole.

71

§13.17 avantages naturels sont aussi grands; il est évident que sa population ne saurait[4] manquer d'être un jour proportionnelle à la
§7.16 nôtre.
§14.1 L'Europe, divisée entre tant de peuples divers; l'Europe, à
travers les guerres sans cesse renaissantes et la barbarie du Moyen
§8.16 Age, est parvenue à avoir quatre cent dix habitants par lieue[5]
§11.10 carrée. Quelle cause si puissante pourrait empêcher les Etats-Unis
d'en avoir autant un jour?

Le Moyen Age était une époque de fractionnement. Chaque
peuple, chaque province, chaque cité, chaque famille, tendaient
§10.14 alors fortement à s'individualiser. De nos jours, un mouvement
§§13.5/6.6 contraire se fait sentir, les peuples semblent marcher vers l'unité.
Des liens intellectuels unissent entre elles les parties les plus éloignées
de la terre, et les hommes ne sauraient rester un seul jour étrangers
§6.5 les uns aux autres, ou ignorants de ce qui se passe dans un coin
§14.5 quelconque de l'univers: aussi remarque-t-on aujourd'hui moins
de différence entre les Européens et leurs descendants du nouveau
monde, malgré l'Océan qui les divise, qu'entre certaines villes
§7.3 du XIIIe (treizième) siècle qui n'étaient séparées que par une
rivière.

Si ce mouvement d'assimilation rapproche des peuples étrangers,
§§11.19/14.8 il s'oppose à plus forte raison[6] à ce que les rejetons[7] du même peuple
§12.7 deviennent étrangers les uns aux autres.
§13.17 Il arrivera donc un temps où l'on[8] pourra voir dans l'Amérique
§2.10 du Nord cent cinquante millions d'hommes égaux entre eux, qui
tous appartiendront à la même famille, qui auront le même point
de départ, la même civilisation, la même langue, la même religion,
§7.11 les mêmes habitudes, les mêmes mœurs, et à travers lesquels la
pensée circulera sous la même forme et se peindra des mêmes
§11.20 couleurs. Tout le reste est douteux, mais ceci est certain. Or, voici
§7.12 un fait entièrement nouveau dans le monde, et dont l'imagination
elle-même ne saurait saisir la portée.[9]

Il y a aujourd'hui sur la terre deux grands peuples qui, partis
de points différents, semblent s'avancer vers le même but: ce sont
les Russes et les Anglo-Américains.

Tous deux[10] ont grandi dans l'obscurité; et tandis que les regards[11]

---

[4] **savoir:** *here,* to be able. Tocqueville often uses the verb **savoir** with this meaning.
[5] **la lieue:** league. [Cf. **le lieu:** place.]
[6] **à plus forte raison:** all the more (*lit.,* with stronger reason).
[7] **le rejeton:** shoot (of a plant); descendant, offspring. [Cf. **jeter:** to throw; **le rejet, le refus:** rejection.]
[8] See page 43, note 4.
[9] **la portée:** range, scope; consequences (*depending on context*). [Cf. **porter:** to carry; to wear.]
[10] **tous [les] deux:** both [*lit.,* all (the) two].
[11] **le regard:** look; attention (*depending on context*).

§§13.15/14.11   des hommes étaient occupés ailleurs, ils se sont placés tout à coup au premier rang des nations, et le monde a appris presque en même temps leur naissance et leur grandeur.

§7.6
§§5.17/13.15
§14.1

Tous les autres peuples paraissent avoir atteint à peu près les limites qu'a tracées la nature, et n'avoir plus qu'à conserver; mais eux sont en croissance :[12] tous les autres sont arrêtés ou n'avancent qu'avec mille efforts; eux seuls marchent d'un pas aisé et rapide dans une carrière dont l'œil ne saurait encore apercevoir la borne.

§14.5

L'Américain lutte contre les obstacles que lui oppose la nature; le Russe est aux prises avec[13] les hommes. L'un combat le désert et la barbarie, l'autre la civilisation revêtue de toutes ses armes: aussi les conquêtes de l'Américain se font-elles avec le soc du laboureur, celles du Russe avec l'épée du soldat.

§13.6

Pour atteindre son but, le premier s'en repose sur[14] l'intérêt personnel, et laisse agir, sans les diriger, la force et la raison des individus.

Le second concentre en quelque sorte dans un homme toute la puissance de la société.

L'un a pour principal moyen d'action la liberté; l'autre, la servitude.

Leur point de départ est différent, leurs voies sont diverses; néanmoins, chacun d'eux semble appelé par un dessein[15] secret de la Providence à tenir un jour dans ses mains les destinées de la moitié du monde.

ALEXIS DE TOCQUEVILLE,
*De la démocratie en
Amérique* (1835),
Deuxième Partie,
conclusion.

L'ARCHITECTURE ET LE STYLE

§§7.3/14.8

Pour beaucoup de personnes, le style, en architecture, ne consiste que dans une enveloppe décorative, et, même parmi les artistes,

---

[12] **en croissance:** growing (*lit.*, in growth). [Cf. **croître:** to grow; (s')**accroître:** to increase.]

[13] **être aux prises avec:** to do battle with, to fight against. [Cf. **la prise:** capture, seizure.]

[14] **s'en reposer sur:** to rely upon.

[15] **le dessein:** purpose, intention; design, scheme (*depending on context*). [Cf. **le dessin:** drawing, sketch.]

§13.18	il en est plusieurs qui croient sincèrement faire une œuvre de style,
§14.10	parce qu'ils auront plaqué quelques profils ou ornements étrusques,
	ou grecs, ou gothiques, ou de la renaissance italienne, à une struc-
	ture qui n'a aucune affinité avec les arts de ces temps, à un édifice
§14.11	élevé d'après¹ une donnée toute moderne. Certes, la connaissance,
	l'étude et même l'emploi de partis décoratifs d'une époque anté-
§7.16	rieure à la nôtre, peuvent être recommandés, mais ce n'est point
	là-dedans que le style se manifeste. Le style réside bien plus dans
	les lignes principales, et dans un ensemble harmonique de propor-
§§2.20/7.12	tions, que dans le vêtement dont on couvre une œuvre architec-
	tonique. De même,² dans l'œuvre du peintre, le style se manifeste
	dans le choix des lignes, dans l'ensemble de la composition, dans
	la vérité du geste,³ bien plus que dans la recherche archaïque
§14.1	de certaines draperies, dans l'exactitude des vêtements et des
§13.17	accessoires. Il est singulier que cette vérité, incontestée s'il s'agit
§§13.18/12.9	de la peinture ou de la sculpture, soit à peine entrevue s'il s'agit
§11.20	de l'architecture. Cela nous prouve combien on ignore générale-
	ment les lois les plus élémentaires de cet art, et combien on en a
	faussé les principes les plus naturels. . . .
§11.19	Une des marques du style, c'est d'abord l'adoption de la forme
	convenable⁴ à chaque objet. Quand une œuvre d'architecture in-
§7.11	dique clairement l'usage auquel on la destine, elle est bien près
	de posséder le style; mais quand, de plus, cette œuvre forme, avec
§14.11	celles qui l'environnent, un tout harmonieux, à coup sûr⁵ le style
§§5.10/13.17	s'y trouve. Or, il est évident, pour ceux qui ont regardé des monu-
11.17	ments appartenant à une même période du Moyen Age, qu'il
§13.17	existe entre ces diverses expressions un accord, une harmonie.
§11.17	L'église ne ressemble pas à l'hôtel de ville;⁶ celui-ci ne peut se
§6.6	confondre avec un hospice, ni l'hospice avec un château, ni le
	château avec un palais, ni le palais avec la maison du bourgeois;
§§14.1/7.12	et cependant, entre ces œuvres diverses dont la destination est
§11.19	écrite clairement, un lien subsiste. Ce sont bien⁷ les produits divers
	d'un état social maître de son expression d'art, et qui n'hésite jamais
§14.9	dans le choix de son langage. Dans cette harmonie, quelle variété
	cependant! L'artiste conserve sa personnalité. Tous parlent la
	même langue, mais quelle fécondité dans le tour! C'est que leurs
	lois ne sont pas établies sur des formes admises, mais sur des prin-

---

¹ **d'après:** from; according to (*depending on context*).
² **de même:** likewise.
³ **le geste:** gesture; attitude.
⁴ **convenable:** proper, appropriate.
⁵ **à coup sûr:** certainly.
⁶ **l'hôtel de ville:** (*m.*) city hall. [Cf. **l'hôtel:** hotel; large building.]
⁷ **bien:** *here,* truly.

cipes. Pour eux, une colonne n'est point un style qui, de par[8] la tradition, doit avoir en hauteur un certain nombre de fois son diamètre, mais un cylindre dont la forme doit être calculée en raison de[9] ce qu'il porte. Un chapiteau n'est pas un ornement qui termine le fût[10] d'une colonne, mais une assise[11] en encorbellement[12] posée pour recevoir les divers membres que la colonne doit soutenir. Une porte n'est pas une baie dont la hauteur est proportionnelle à la largeur, mais une ouverture[13] faite pour le nombre de personnes qui à la fois passent sous son linteau[14]. . . . Ces principes ne sont autre chose que la sincérité dans l'emploi de la forme. Le style se

§11.17   développe d'autant plus dans les œuvres d'art que celles-ci s'écartent moins de l'expression juste, vraie, claire. Trouver l'expression juste, être clair, ce sont des qualités françaises que nous possédions dans les arts plastiques comme dans le discours.

> Eugène Viollet-Le-
> Duc, *Dictionnaire
> raisonné de l'architecture
> française du XIe au XVIe
> siècle* (1854).

L'HUMOUR DE THACKERAY

Les nuances les plus délicates sont perceptibles dans l'humour[1] de Thackeray. Elles se suivent en rangs pressés, selon une façon de gamme descendante qui, partie des clairs tintements de l'ironie légère, s'approfondit lentement jusqu'aux résonnances vibrantes

§4.15   de l'affectueuse pitié. Peu de prosateurs ont eu, comme lui, à

---

[8] **de par:** on account of.
[9] **en raison de:** in view of, taking into account.
[10] **le fût:** shaft.
[11] **l'assise:** (*f.*) stone layer.
[12] **l'encorbellement:** (*m.*) overhang; **en encorbellement:** overhanging.
[13] **l'ouverture:** (*f.*) opening; overture (*depending on context*). [Cf. **ouvrir:** to open.]
[14] **le linteau:** lintel.

[1] **l'humour:** (*m.*) humor. [Cf. **l'humeur:** (*f.*): humor, mood.]

leur disposition, ce clavier, où toutes les notes humaines chantent
et pleurent tour à tour.[2] . . .

§7.2   Mais si Thackery excelle à décocher le dard de la satire, la
causticité ne nous parait point marquer essentiellement son humour.
§§13.18/5.14/   L'ironie glaciale, tel qu'il en est tant d'exemples[3] dans son œuvre
4.15   et dans Vanity Fair surtout, est toujours, chez lui, incomplète.
§14.1   C'est comme si, au clavier de l'humour, sa main droite seule jouait.
§13.18   Il y manque l'accompagnement, qui est celui du cœur. . . .

     L'humour mélancolique est partout dans Thackeray. «Bah,
§12.12   disait-il lui-même, quelle que soit notre tristesse, nous pouvons
bien[4] plaisanter.» Ses romans, de fait, laissent l'impression, longue
à s'effacer, d'un mélange intime de sourire[5] et de résignation at-
tristée. L'art d'Esmond est pétri de cet humour-là, voilé, discret,
ému de sentir . . . le contraste entre nos espoirs, notre idéal et la
réalité. . . .

     La matière de l'œuvre thackerayenne est donc sobre et dure.
Le pathétique n'en est que plus[6] intense quand l'auteur se laisse
§13.6   glisser à sa sensibilité personnelle. . . .

     Un des aspects les plus touchants de l'art de Thackeray est,
peut-être, ce rare mélange de virilité et de délicatesse féminine. . . .
Il y a, chez Thackeray, un tact de la douleur, une mesure dans
l'émotion qui classent très haut son art et font de lui, au plus noble
sens du terme, un aristocrate de la sensibilité.

RAYMOND LAS VERGNAS,
W. M. Thackeray (Paris:
Librairie H. Champion,
Editeur 1932), pp. 338–
341. Reprinted by per-
mission of the publisher.

---

[2] **tour à tour:** in turn, one after the other (*lit.*, turn by turn).
[3] **tel qu'il en est tant d'exemples: dont il y a tant d'exemples.**
[4] **bien:** *here*, anyway.
[5] **le sourire:** smile. [Cf. **sourire:** to smile; **rire:** to laugh; **le rire:** laugh.]
[6] **n'en est que plus:** is all the more.

Dans tous les pays la musique prend aujourd'hui le même visage. Partout elle se trouve dans un état de bouleversement. Notre §13.5 temps fait songer, pour la musique, au début du xviie (dix-septième) §14.11 siècle; la révolution est dans l'air. A tout prix on demande de l'inouï. §13.17 Il semble impossible de respecter les formes anciennes et de leur infuser un esprit nouveau. Leur contenu, après une progression §8.15 grandiose, s'est épuisé. Le romantisme s'est supprimé lui-même par ses excès. La guerre mondiale a contribué à changer les directions spirituelles et les conceptions; elle a tiré les artistes de leur monde de rêveries et spéculations théoriques pour les jeter dans une rude réalité. La musique moderne fait une large part au sens §7.3 du réel. Elle ne veut plus peindre un royaume imaginaire. Elle §14.1 veut tirer parti de[1] ses richesses propres, de ses éléments: dynamique, §7.4 rythmique, timbres. Pour ne pas rester prisonnière de l'esprit ancien, elle veut bannir en même temps les formes d'autrefois et en trouver de nouvelles. Mieux, elle ébranle jusque dans ses fondements l'édifice qui a contenté l'Occident depuis des siècles. §§7.12/9.8/ Le système tonal dont personne, il y a cinquante ans, n'aurait osé 11.14 contester le caractère sacré, intangible, crainte de[2] paraître ignorant ou barbare, on le renverse et on lui substitue des principes élastiques.

Cette rupture avec les traditions ne s'est pas produite[3] subitement. Comme tous les événements de l'histoire, elle a été préparée par une longue évolution. Un des précurseurs du mouvement moderne est Liszt, qui a élargi le vieux système tonal en y introdui- §13.11 sant les gammes mineures tziganes. La réhabilitation des modes liturgiques, sous l'action des compositeurs russes et de Max Reger, a contribué à briser les cadres anciens. L'arc a été plus tendu encore quand Richard Strauss a employé les dissonances comme procédé[4] descriptif et quand Gustav Mahler a ordonné la levée en masse des forces orchestrales et chorales.

Chez ces derniers musiciens pourtant, la tonalité traditionnelle continue à régner. Le pas[5] décisif est accompli par Claude Debussy lorsqu'il met à la base de ses compositions l'échelle par tons entiers qu'il emprunte aux Chinois. Le Russe Alexandre Scriabine s'écarte

---

[1] **tirer parti de:** to take full advantage of; to profit from. [Cf. **le parti:** (political) party; determination, resolution.]
[2] **crainte de:** for fear of.
[3] **se produire:** to manifest itself, to happen. [Cf. **produire:** to produce.]
[4] **le procédé:** method; procedure (*depending on context*).
[5] **le pas:** step.

§6 8

§14.11

tout autant[6] des chemins battus. Pour son propre usage il forge un accord de six sons, formé de quartes superposées, qui est l'étoffe harmonique de ses œuvres. Arnold Schœnberg va plus loin encore et nous mène à la pure atonalité. De nombreux jeunes compositeurs ont été ses élèves ou ses émules. Son procédé peut se résumer[7] en quelques mots: les demi-tons du système classique deviennent les éléments du nouveau, tous sur le même plan, sans tonique qui domine leur groupement, sans parenté qui relie les accords. Le style, issu de celui de Reger, qu'adopte Heinrich Kaminsky, est également atonal. A côté de la musique instrumentale, Kaminsky cultive avec prédilection la musique religieuse, et à cet égard il doit être tenu pour un des compositeurs les plus significatifs de l'Allemagne moderne.

Certains musiciens, qui n'admettent pas l'atonalité, emploient volontiers dans la même œuvre, simultanément, deux ou plusieurs tons: c'est ce qu'on appelle bitonalisme ou polytonalisme. Les Français Albert Roussel, Charles Kœchlin, Darius Milhaud, se distinguent sur cette voie.

CHARLES NEF, *Histoire de la musique* (Paris: Editions Payot, 1961), pp. 377–378. Reprinted by permission of the publisher.

DE LA NATURE
DES TROIS DIVERS GOUVERNEMENTS

§§5.14/13.18

Il y a trois espèces[1] de gouvernements: le républicain,[2] le monarchique et le despotique. Pour en découvrir la nature, il suffit de

---

[6] **tout autant:** just as much.
[7] **se résumer:** to be summarized. [Cf. **résumer:** to summarize; to resume.]

[1] **l'espèce:** (*f.*) kind, type. [Cf. **l'espace:** (*m.*) space.]
[2] **le républicain:** **le gouvernement républicain.**

§11.17 [voir] l'idée qu'en ont les hommes les moins instruits: . . . «le gouvernement républicain est celui où le peuple en corps,[3] ou seulement une partie du peuple, a la souveraine puissance; le monarchique, celui où un seul gouverne, mais par des lois fixes et établies; au lieu que, dans le despotique, un seul, sans loi et sans règle, entraîne tout par sa volonté et ses caprices».

§11.19 Voilà ce que j'appelle la nature de chaque gouvernement. Il faut voir quelles sont les lois qui suivent[4] directement de cette nature, et qui par conséquent sont les premières lois fondamentales.

§11.19
§11.20 Lorsque dans la république, le peuple en corps a la souveraine puissance, c'est une *démocratie*. Lorsque la souveraine puissance est entre les mains d'une partie du peuple, cela s'appelle une *aristocratie*.

Le peuple, dans la démocratie, est, à certains égards,[5] le monarque; à certains autres, il est le sujet.

§7.3
§14.8
§13.18
§4.12
§5.6 Il ne peut être monarque que par ses suffrages qui sont ses volontés. La volonté du souverain est le souverain lui-même. Les lois qui établissent le droit de suffrage sont donc fondamentales dans ce gouvernement. En effet, il est aussi important d'y régler comment, par qui, à qui, sur quoi, les suffrages doivent être donnés, qu'il l'est[6] dans une monarchie de savoir quel est le monarque, et de quelle manière il doit gouverner.

§§11.19/5.16
§§13.5/2.20
§5.6 Dans l'aristocratie, la souveraine puissance est entre les mains d'un certain nombre de personnes. Ce sont elles qui font les lois et qui les font exécuter. . . . Plus une aristocratie approchera de la démocratie, plus elle sera parfaite; et elle le deviendra moins, à mesure qu'elle approchera de la monarchie.

La plus imparfaite de toutes[7] est celle où la partie du peuple qui obéit est dans l'esclavage civil de celle qui commande, comme l'aristocratie de Pologne,[8] où les paysans sont esclaves de la noblesse.

Les pouvoirs intermédiaires, subordonnés et dépendants, constituent la nature du gouvernement monarchique, c'est à dire de celui où un seul gouverne par des lois fondamentales. J'ai dit les pouvoirs intermédiaires, subordonnés et dépendants: en effet, dans la monarchie, le prince est la source de tout pouvoir, politique et civil. . . . Le pouvoir intermédiaire subordonné le plus naturel

§§11.17/14.10 est celui de la noblesse. Elle[9] entre en quelque façon dans l'essence de la monarchie, dont la maxime fondamentale est: point de

---

[3] **en corps:** as a whole.
[4] **suivre:** *here*, to derive.
[5] **à certains égards:** in certain respects.
[6] **l'est: est important.**
[7] **de toutes: de toutes les aristocraties.**
[8] **la Pologne:** Poland.
[9] **elle: la noblesse.**

monarque, point de noblesse; point de noblesse, point de monarque, mais on a un despote.

§§13.18/12.8 Il ne suffit pas qu'il y ait, dans une monarchie, des rangs inter-médiaires; il faut encore un dépôt[10] des lois. Ce dépôt ne peut être

§7.3 que dans les corps politiques,[11] qui annoncent les lois lorsqu'elles sont faites et les rappellent lorsqu'on les oublie. . . .

Dans les états despotiques, où il n'y a point de lois fondamentales, il n'y a point non plus[12] de dépôt de lois.

De là vient que, dans ces pays, la religion a ordinairement tant

§4.10 de force: c'est elle qui forme une espèce de dépôt et de permanence; et, si ce n'est pas la religion, ce sont les coutumes[13] qu'on y vénère, au lieu des lois.

CHARLES DE MONTES-
QUIEU, *L'Esprit des lois*
(1748), Première Partie,
Chapitre II.

---

[10] **le dépôt:** deposit; depository; depositing; depot (*depending on context*).
[11] **les corps politiques:** *here*, political institutions.
[12] **il n'y a point non plus:** neither is there.
[13] **la coutume:** custom.

VOCABULARY

A

à *prep.** at; in; to; with; for
(d')abord *adv.* first, at first, in the first place
(s')abstenir to abstain
accompagner to accompany
accord *m.* agreement
   être d'— to agree
accourir to rush
(s')accroître to increase
accru, —e *p. p. of* **accroître**
acheter to buy
acquérir to acquire
acte *m.* act
actif, active *adj.* active
actualité *f.* contemporaneity; (*pl.*) current events
actuel, actuelle *adj.* contemporary, present(-day)
actuellement *adv.* now, today
admettre to admit
admirable, — *adj.* wonderful
admirateur *m.* admirer
adresse *f.* address
affaiblir to weaken
   s'— to grow weak
affaire *f.* (business) deal; (*pl.*) business
afin de *prep.* in order to
afin que *conj.* in order that, so that
agir to act
   il s'agit de it is a question of; it concerns
aider to help
aïeul (*pl.* **aïeux**) *m.* ancestor
aimer to like, to love
ainsi *adv.* thus
   —que as, just as
alcool *m.* alcohol
alcoolisme *m.* alcoholism
aliéniste *m.* psychiatrist
Allemand, —e *m./f.* German (person)
allemand, —e *adj.* German

aller to go
   — bien (mieux) to be all right, fine (better)
   s'en — to leave, to get out
allié *m.* ally
alors *adv.* so, thus, then
alphabétique, — *adj.* alphabetical
alpiniste *m.* mountain climber
âme *f.* soul
amener to bring; to draw
ami, —e *m./f.* friend
amour *m.* love
amusant, —e *adj.* amusing
(s')amuser to enjoy oneself; to amuse oneself
   — de to enjoy
an *m.* year
anachronique, — *adj.* anachronistic
ancien, ancienne *adj.* old, ancient; former
Anglais, —e *m./f.* English (person)
anglais, —e *adj.* English
Angleterre *f.* England
animation *f.* activity, bustle
année *f.* year
annoncer to announce
apercevoir to perceive
   s'— de to notice
aperçu, —e *p. p. of* **apercevoir**
apocryphe, — *adj.* apocryphal
apparaître to appear
appareil *m.* apparatus, machine, instrument, works
appartenir to belong
apparu, —e *p. p. of* **apparaître**
appeler to call
   s'— to be called, to be named
appétit *m.* appetite
apporter to bring; to take
apprendre to learn; to teach
appris, —e *p. p. of* **apprendre**
(s')approcher de to approach
approfondir to deepen

---

* The following abbreviations are used:

adj.	adjective	*inf.*	infinitive	*prep.*	preposition
adv.	adverb	*m.*	masculine noun	*pron.*	pronoun
conj.	conjunction	*pl.*	plural	*pron. inv.*	invariable
f.	feminine noun	*p. p.*	past participle		pronoun

après *prep.* after; *adv.* afterwards, later
  d'— *prep.* from, according to
après-midi *m.* afternoon
arbre *m.* tree
archéologue *m.* archeologist
ardeur *f.* eagerness, ardor
argent *m.* silver; money
armée *f.* army
arracher (à) to take (from) by force; to uproot
arrêter to stop; to arrest
  s'— to stop, to cease
arriéré, —e *adj.* retarded
arrivée *f.* arrival; happening
arriver to arrive; to happen
asseoir to seat
  s'— to sit down
assez (de) *adv.* enough
assis, —e *p. p. of* **asseoir**
assister à to be (present) at
astronome *m.* astronomer
atelier *m.* workshop
attaquer to attack
atteindre to attain, to reach
attendre to await, to wait for
  s'— à to expect
attention *f.* attention, care
  faire — to pay attention, to be careful
attirer to draw, to attract
aucun, —e *adj.* no, not one, any; *pron.* no one, none, not one, any, anyone
aujourd'hui *adv.* today
auparavant *adv.* previously
auprès de *prep.* next to
au revoir goodbye
aussi *adv.* so; *conj.* also
  — . . . que as . . . as
aussitôt *adv.* immediately
  — que as soon as
autant *adv.* as much, as many
  pour — *adv.* nevertheless
auteur *m.* author
autobus *m.* bus
autorité *f.* authority
autoroute *f.* freeway
autour de *prep.* around
autre, — *adj.* other
  d'— part on the other hand
autre, — *m./f.* other (person or thing)
  l'un de l'— apart
  l'un (et) l'— both
autrefois *adv.* formerly
auxiliaire *m.* assistant
avance *f.* advance; advantage
  à l'— *adv.* in advance
  d'— *adv.* in advance
avancer to advance
avant (de *or* **que)** *prep. & adv.* before

avantageux, avantageuse *adj.* advantageous
avec *prep.* with
avenir *m.* future
aventure *f.* adventure
avion *m.* airplane
avis *m.* opinion; warning
  à son — in one's opinion
avoir to have
  il y a there is, there are

B

baisser to lower
bannir to banish
barrière *f.* barrier, fence
bas, basse *adj.* low
bataille *f.* battle
  livrer — to wage war
bateau *m.* boat
bâtiment *m.* building
bâtir to build
battre to beat, to defeat
  se — to fight
beau (or bel) (pl. beaux), belle *adj.* beautiful, handsome
  faire beau to be nice out, to be a fine day
beaucoup (de) *adv.* many, much, a lot
bébé *m.* baby
bel *see* **beau**
belle *see* **beau**
besoin *m.* need
  avoir — de to need
bibliothèque *f.* library
bien (*usually pl.*) *m.* property; wealth
bien *adv.* well
  aller — to be all right, fine
  — des many, much
  — entendu of course
  — que *conj.* although
  ou — *conj.* or, or else
bientôt *adv.* soon
bijou (pl. bijoux) *m.* jewel
blanc, blanche *adj.* white
bleu, —e *adj.* blue
boire to drink
bois *m.* wood; woods
boîte *f.* box
bon, bonne *adj.* good
  bon marché *adj.* cheap
bonbon *m.* candy
bonjour good morning
bord *m.* bank (of river); border, edge
borner to limit; to restrain, to moderate
  se — à to be satisfied with

bouger to move
bourgeoisie *f.* middle class
bourrer to fill, to stuff
bourse *f.* scholarship; purse
bout *m.* extremity, end, tip
bouteille *f.* bottle
brave, — *adj.* brave; kind
bref, brève *adj.* brief, short
bref *adv.* in short, in brief
briser to break
bruit *m.* noise
brumeux, brumeuse *adj.* foggy
bruyant, —e *adj.* noisy
bureau *m.* office; desk
but *m.* end, goal
    toucher au — to reach one's goal

C

cacher to hide
cadeau *m.* gift
cadre *m.* frame; framework; setting,
    environment
café *m.* coffee; café
caillou (*pl.* **cailloux**) *m.* pebble
calcul *m.* calculation; calculus
calculer to calculate
calmer to calm
    se — to calm down
campagne *f.* country, countryside;
    campaign
canal (*pl.* **canaux**) *m.* channel, canal
capable, — *adj.* able, capable
capitaine *m.* captain
capituler to capitulate
car *conj.* for, because
caractère *m.* character, personality
carrière *f.* career
carte *f.* card; map
cas *m.* case, instance
casser to break
cave *f.* cellar
caverne *f.* cave
célèbre, — *adj.* famous
célérité *f.* celerity, rapidity
celle *f. pron.* the one; she
    —**ci** this one, the latter
    —**là** that one, the former
celui (*pl.* **ceux**) *m. pron.* the one; he
    —**ci** this one, the latter
    —**là** that one, the former
cent hundred
centaine *f.* about a hundred; (*pl.*)
    hundreds
cependant *conj.* however, nevertheless
cercle *m.* circle
ceux *see* **celui**

chacun, —e *pron.* each one, every one
chambre *f.* room
champ *m.* field
changement *m.* change, modification
chanter to sing
chanteur, chanteuse *m./f.* singer
chapeau *m.* hat
chapelle *f.* chapel
chapitre *m.* chapter
chaque, — *adj.* each, every
charbon *m.* coal
charger to load, to charge
    — **de** to put in charge of, to charge
        with
charte *f.* charter
chat *m.* cat
château *m.* castle
chaud, —e *adj.* hot, warm
chef *m.* head, chief; chef
chef-d'œuvre *m.* masterpiece
chemin *m.* way, road, path
    — **de fer** *m.* railroad
cher, chère *adj.* dear; expensive
chercher to look for, to seek
cheval (*pl.* **chevaux**) *m.* horse
chez *prep.* at (to, in) the home of; with;
    by; in the time of; in the work of
chien *m.* dog
chimie *f.* chemistry
Chinois, —e *m./f.* Chinese (person)
chinois, —e *adj.* Chinese
choir *arch.* to fall
choisir to choose
choix *m.* choice
chose *f.* thing
chrétien, chrétienne *adj. & m./f.* Christian
chute *f.* fall
ciel (*pl.* **cieux**) *m.* sky; heaven
cinq five
circuler to circulate
classe *f.* class
    salle de — *f.* classroom
clé (*or* **clef**) *f.* key
client *m.* patron, customer, client, patient
cloche *f.* bell
cloître *m.* cloister
cœur *m.* heart
coin *m.* corner
colère *f.* anger
    être en — to be angry
collectionner to collect
colon *m.* colonist
combien (de) *adv.* how much, how
    many
comédie *f.* play; comedy
comme *prep.* like, as; *conj.* as
commencement *m.* beginning

commencer to begin
comment *adv.* how
commettre to commit
compagnie *f.* company
complot *m.* plot (against a nation, etc.)
comporter to involve, to comprise, to
    include
  se — to comport oneself, to behave
compositeur *m.* composer
comprendre to understand; to include
compris, —e *p. p. of* comprendre
compte *m.* count; account
  — rendu *m.* account, report
  se rendre — de (*or* que) to realize
    (that)
  tenir — de to take into consideration
comte *m.* count
comtesse *f.* countess
concevoir to conceive
conçu, —e *p. p. of* concevoir
condamner to condemn
conduire to drive, to lead, to conduct
conduite *f.* driving, leading; conduct
conférence *f.* lecture; conference
confier to confide, to entrust
confort *m.* comfort
connaissance *f.* knowledge; acquaint-
  ance
connaître to know
connu, —e *p. p. of* connaître
conquête *f.* conquest
consacrer to consecrate
  se — to devote oneself
conseil *m.* counsel, advice
conseiller to counsel, to advise
conserver to save, to preserve
constamment *adv.* constantly
constructeur *m.* builder
construire to build
contenir to contain
content, —e *adj.* glad, happy
contraindre to oblige, to force; to restrain
contre *prep.* against
contredire to contradict
convaincre to convince
convenable, — *adj.* proper, appropriate
convenir to agree; to be appropriate, to
  fit
copie *f.* copy
corail (*pl.* coraux) *m.* coral
corps *m.* body
corriger to correct
costume *m.* outfit; costume
côte *f.* coast; rib
côté *m.* side, direction
  de — *adv.* aside, toward one side
(se) coucher to lie down, to go to bed
coudre to sew

couler to flow, to run
couleur *f.* color
coup *m.* blow, stroke
  à — sûr *adv.* certainly
  tout à — *adv.* suddenly
coupable, — *adj.* guilty
cour *f.* court
courant *m.* current
courir to run
couronner to crown
courrier *m.* mail
cours *m.* course
course *f.* race
court, —e *adj.* short
coûter to cost
  coûte que coûte no matter what
coutume *f.* custom
couvert, —e *p. p. of* couvrir
couvrir to cover
craindre to fear
crainte *f.* fear
  de — que *conj.* for fear that, lest
créer to create
crème *f.* cream
crier to shout, to cry out
crise *f.* crisis
critique *m.* critic
critique *f.* review, criticism
critiquer to criticize
croire to believe
croisé *m.* crusader
croissance *f.* growth
croître to grow
croix *f.* cross
cru, —e *p. p. of* croire
crû, —e *p. p. of* croître
cuisine *f.* kitchen; cooking
cuisinier *m.* cook
cuivre *m.* copper
cynique — *adj.* cynical

D

dame *f.* lady
dans *prep.* in, within, into, inside
davantage *adv.* more
de *prep.* of, from, about, belonging to,
  with
débarquer to land
debout *adv.* standing, upright
début *m.* beginning
débuter to begin
décevoir to deceive; to disappoint
déchéance *f.* decline, downfall
déchoir to decline
décor *m.* setting; stage set; framework
décorer to decorate

décourager to discourage
  se — to become discouraged
découvert, — *p. p. of* **découvrir**
découverte *f.* discovery
découvrir to discover, to uncover
défaire to undo
défendre to defend; to prohibit
(se) défier de to distrust
degré *m.* degree, standard, level
dehors *adv.* outside, outdoors
  en — de *prep.* outside of
déjà *adv.* already
déjeuner to have lunch
déjeuner *m.* lunch
  petit — *m.* breakfast
délégué, —e *m./f.* delegate
délivrer to liberate
demain *adv.* tomorrow
demander to ask, to ask for
  se — to wonder
demeurer to remain, to stay; to live
demi *m.* half
demi, —e *adj.* half
  à — *adv.* half, halfway
démolir to demolish
départ *m.* departure; separation
(se) dépêcher to hurry
dépenser to spend
dépérir to languish
déplacer to displace
dépôt *m.* deposit; depository; consignment; store; depot
depuis *conj.* since; for (with time); *adv.* since
  — quand how long
dernier, dernière *adj.* last; most recent, latter
dérouler to unroll
  se — to take place, to unfold, to develop
derrière *prep.* behind
dès *prep.* since; from; as early as; after
  — que *conj.* as soon as
descendre to go down; to carry down
désirer to wish
désobéissance *f.* disobedience
dessein *m.* project, plan
dessin *m.* drawing
dessous *adv.* below, under
  au—— de *prep.* below, beneath
  par—— *prep.* below
dessus *adv.* above, over
  au—— de *prep.* above, over
  par—— *prep.* above
détenir to keep, to detain
détériorer to spoil
détourner to change the direction of, to turn aside; to dissuade
détruire to destroy

deux two
  tous (toutes) les — both
devant *prep.* before, in front of
développer to develop
  se — to grow, to develop
devenir to become
deviner to guess
devoir must, should, ought to; to owe
devoir *m.* obligation, duty; homework
diamant *m.* diamond
difficile, — *adj.* difficult
dimanche *m.* Sunday
dîner *m.* dinner
dire to say, to tell
  vouloir — to mean
diriger to direct
discours *m.* speech
discuter to discuss
disparaître to disappear
disparu, —e *p. p. of* **disparaître**
(se) disputer to quarrel, to argue
(se) distraire to distract (oneself)
distribuer to distribute
dit, —e *p. p. of* **dire**
dix ten
dizaine *f.* about ten
dominer to dominate
dommage *m.* shame; damage
  c'est — it's a shame, it's a pity
don *m.* gift
donner to give
dont *pron.* of whom, of which, whose
dormir to sleep
dot *f.* dowry
doter to dower; to favor; to endow
doute *m.* doubt
douter to doubt
  se — to suspect
douteux, douteuse *adj.* doubtful
doux, douce *adj.* soft, gentle, mild
douzaine *f.* dozen
drap *m.* cloth; sheet
dresser to erect, to raise
  se — to stand
droit *m.* right; law
dû, due *p. p. of* **devoir**
duc *m.* duke
duchesse *f.* duchess
durant *prep.* during
durer to last, to endure

E

eau *f.* water
échec *m.* failure; loss
  faire — à to defeat; to reject
échouer to fail
éclater to burst

école *f.* school
(s')écouler to go by, to flow by; to slip away
écouter to listen to
écraser to destroy
écrire to write
édifier to build
éditeur *m.* publisher; editor
éduquer to educate
effectivement *adv.* effectively, really
effet *m.* effect
  en — *conj.* indeed
(s')efforcer to try
effrayer to scare, to frighten
égal (*pl.* **égaux**), **—e** *adj.* equal
également *adv.* also
égaler to equal
égard *m.* consideration, regard, attention, estime
  à certains —s in certain respects
  à l'— de toward, relative to, in regard to
église *f.* church
élève *m./f.* student
élever to raise; to bring up
  s'— to get up, to rise
émail (*pl.* **émaux**) *m.* enamel
embrasser to embrace; to kiss
(s')emparer de to lay hold of, to take possession of
empêcher to prevent, to hinder
empereur *m.* emperor
empirique, — *adj.* empirical
emploi *m.* use; employment, job
employer to use, to employ
emporter to carry away, to take away
en *prep.* in; on; by; while; upon; *adv.* from there; *pron. inv.* some, any; of (from, about) him, her, it, them
encore still
  pas — not yet
endroit *m.* location, place
enfant *m./f.* child
énergique, — *adj.* energetic
enfin *adv.* finally, at last; indeed
enfouir to bury
(s')enfuir to escape, to run away
enlaidir to deface
ennemi *m.* enemy
ennuyer to annoy, to vex; to bore
  s'— to be bored, to grow bored
énorme, — *adj.* enormous
énormément (de) so very much, so very many
enrayer to brake; to stop
  s'— to stall
enseignement *m.* teaching
enseigner to teach
ensemble *adv.* together

ensemble *m.* entirety, whole
ensuite *adv.* afterward, then
entendre to hear; to understand
  s'— to agree, to understand one another, to get along
entendu, —e *p. p. of* **entendre**
  bien entendu *adv.* of course
enterrer to bury, to inter
entier, entière *adj.* whole, complete, entire
(s')enthousiasmer to be enthusiastic
entourer to surround
entre *prep.* between, among
entreprendre to undertake
entrer (dans) to come in, to enter; to bring in
envahir to invade
envie *f.* desire
  avoir — de to feel like, to be in the mood for
(s')envoler to fly away
envoyer to send
épais, épaisse *adj.* thick
époque *f.* time, era, epoch
épouser to marry
épreuve *f.* test; proof
éprouver to experience; to test, to prove
épuiser to exhaust
équilibre *m.* equilibrium, balance
ère *f.* era
erreur *f.* mistake, error
escalier *m.* stairs
espace *m.* space
espacer to space
Espagnol, —e *m./f.* Spanish (person), Spaniard
espagnol, —e *adj.* Spanish
espèce *f.* kind, type
espérer to hope, to hope for
espoir *m.* hope
esprit *m.* mind; spirit; wit
essayer to try
est *m.* east
établir to establish
étage *m.* floor, story; stage
état *m.* state, nation; condition
Etats-Unis *m. pl.* United States
été *p. p. of* **être**
été *m.* summer
éteindre to put out, to extinguish
(s')étendre to stretch (oneself), to extend (oneself)
étiquette *f.* tag, label; price tag
étoile *f.* star
étonner to surprise
étrange, — *adj.* strange, odd
étranger, étrangère *m./f.* foreigner, stranger
étranger, étrangère *adj.* foreign

être to be
être *m.* being
étroit, —e *adj.* narrow
étude *f.* study
étudiant, —e *m./f.* student
étudier to study
eu, —e *p. p. of* avoir
(s')évanouir to faint
(s')éveiller to awaken, to wake up
événement *m.* event, happening
évidemment *adv.* obviously
évident, —e *adj.* obvious
éviter to avoid
examen *m.* examination, test
exclu, —e *p. p. of* exclure
exclure to exclude
exemple *m.* example
exercer to exercise; to practice (a trade
    or profession)
exercice *m.* exercise
exiger to demand
expérience *f.* experience; experiment
explication *f.* explanation
expliquer to explain
explorateur *m.* explorer
exprimer to express
extérieur *m.* exterior

F

fabrique *f.* factory
fabriquer to manufacture
facile, — *adj.* easy
façon *f.* way
facultatif, facultative *adj.* optional
faculté *f.* faculty; school, college
faible, — *adj.* weak
faim *f.* hunger
    avoir — to be hungry
faire to make, to do
    — + *inf.* to have sth. done
fait *m.* fact; deed
    de — *adv.* in fact, actually
falloir to be necessary
fallu *p. p. of* falloir
fascinant, —e *adj.* fascinating
fatiguer to tire
    se — to become tired
faubourg *m.* district, suburb
faute *f.* mistake, error
faux, fausse *adj.* false
féliciter to congratulate
femme *f.* woman; wife
fenêtre *f.* window
fer *m.* iron
    chemin de — *m.* railroad
ferme *f.* farm
ferme, — *adj.* firm

fermer to close
fermier *m.* farmer
feu *m.* fire
feuille *f.* leaf; sheet (of paper)
(se) fier à to trust
figure *f.* face
fil *m.* thread, wire
fille *f.* girl; daughter
fils *m.* son
fin *f.* end
finir to finish
fixer to stop; to affix
    se — to establish oneself
flatteur, flatteuse *adj.* flattering
fleur *f.* flower
fleuve *m.* river
fois *f.* time
    à la — *adv.* at the same time
fonctionnel, fonctionnelle *adj.* func-
    tional
fond *m.* bottom; base; fund
fondation *f.* foundation; founding
fonder to found, to establish
fondre to melt, to dissolve; to mix
    — sur to fall upon, to come down
    upon
fontaine *f.* fountain
forêt *f.* forest
forgeron *m.* blacksmith
fort, —e *adj.* strong
fort *adv.* very, extremely
fortification *f.* fortification, fortress
fortune *f.* fate, fortune
frais, fraîche *adj.* fresh; cool
frais *m. pl.* expenses
franc, franche *adj.* free; frank, sincere;
    complete, entire
Français, —e *m./f.* French (person)
français, —e *adj.* French
franchir to leap (over), to clear; to
    cross
frapper to hit, to strike
fréquence *f.* frequency
frère *m.* brother
froid *m.* cold
froid, —e *adj.* cold
    avoir — to be cold
fumée *f.* smoke
fumer to smoke
(au) fur et à mesure que as; in propor-
    tion as

G

gagner to gain, to earn; to win
garantir to guarantee
    — de to protect from
garçon *m.* boy

garde *f.* guard, protection; care, custody
  prendre — to beware, to watch out,
    to be careful
gare *f.* station
gâteau *m.* cake
gaz *m.* gas
génie *m.* genius
genou (*pl.* **genoux**) *m.* knee
genre *m.* kind, sort
gens *m. pl./f. pl.* people
gentil, gentille *adj.* nice
gentilhomme *m.* gentleman
geste *m.* gesture; attitude
glace *f.* mirror; ice
globalement *adv.* as a whole, together
gorge *f.* throat; gorge
goût *m.* taste
grâce *f.* thanks; grace; favor, pardon
  faire — à to pardon
  — à *prep.* thanks to
gravité *f.* gravity; seriousness
grand, —e *adj.* big, large, great, grand
grandeur *f.* extent; importance; magnitude, size; nobility
grandir to grow
grand-père *m.* grandfather
grave, — *adj.* grave, serious
Grec, Grecque *m./f.* Greek (person)
grec, grecque *adj.* Greek
gros, grosse *adj.* big; fat; heavy
grotte *f.* cave, grotto
guère (de) hardly (any), scarcely (any)
  ne . . . — hardly, scarcely
guérir to cure, to heal
guerre *f.* war
guerrier *m.* warrior

H

(s')habiller to dress, to get dressed
habitant *m.* inhabitant
habiter to live (in), to inhabit
habitude *f.* habit
  d'— usually
habituel, habituelle *adj.* usual
(s')habituer to grow accustomed
hasard *m.* chance
haut, —e high, tall
  en — above, up above
hauteur *f.* height
  en — *adv.* upward
hésiter to hesitate
heure *f.* hour
  à l'— *adv.* on time, punctual(ly)
  tout à l'— *adv.* in a little while; a little
    while ago
heureux, heureuse *adj.* happy, fortu-
  nate

hier *adv.* yesterday
histoire *f.* story; history
historique, — *adj.* historic, historical
hiver *m.* winter
homme *m.* man
honnête, — *adj.* honest; good
honte *f.* shame
  avoir — to be ashamed
  faire — à to put to shame
hôpital *m.* hospital
horloge *f.* clock
hôte *m.* host; guest
hôtel *m.* hotel; large public building
huit eight
huitième eighth
humain, —e *adj.* human; humane
humeur *f.* humor, mood, tempera-
  ment; liquid, fluid
humour *m.* humor

I

ici *adv.* here
  d'— from now
  d'— là *adv.* between now and then
idée *f.* idea
ignorer to be ignorant of, not to know
île *f.* island
illustrer to illustrate
immédiatement *adv.* immediately
imparfait, —e *adj.* imperfect, unfinished
impliquer to imply; to implicate
imprimerie *f.* printing; printery
inattendu, —e *adj.* unexpected
incendie *m.* fire, blaze
inconnu, —e *adj.* unknown
indiquer to indicate
individu *m.* individual, person
infaillible, — *adj.* infallible
infini, —e *adj.* infinite
infirmière *f.* nurse
ingénieur *m.* engineer
innombrable, — *adj.* innumerable
(s')inquiéter to worry; to bother oneself, to trouble oneself
instruire to instruct
interdire to forbid
intéressant, —e *adj.* interesting
intéresser to interest
  s'— (à) to be interested (in)
intérêt *m.* interest
intérieur *m.* interior
  à l'— inside
intituler to entitle
intrigue *f.* plot (of a novel, play, etc.);
  intrigue
introduire to introduce
inviter to invite

isolé, —e alone, isolated
isolement *m.* isolation, loneliness

J

jaloux, jalouse *adj.* jealous
jamais *adv.* ever, never
   ne . . . — never, not ever
jambe *f.* leg
janvier *m.* January
jardin *m.* garden
jeter to throw, to throw away
jeu *m.* game
jeune, — *adj.* young
jeunesse *f.* youth
Joconde *f.* Mona Lisa
joindre to join
joli, —e *adj.* pretty
jouer to play
jouir (de) to enjoy
jour *m.* day; daytime
   de nos —s *adv.* today
journal (*pl.* journaux) *m.* newspaper
journée *f.* day
juge *m.* judge
juger to judge
juillet *m.* July
juin *m.* June
jurer to swear
jusque *prep.* until, up to, as far as; as
   much (many) as
   —là *adv.* until then
juste, — *adj.* just, fair; correct, right

L

là *adv.* there
   d'ici — *adv.* between now and then
   jusque-— *adv.* until then
lac *m.* lake
laid, —e *adj.* ugly
laisser to leave, to leave behind; to let,
   to allow
lait *m.* milk
(se) lamenter to lament
lancer to cast, to throw; to launch
langue *f.* language; tongue
large, — *adj.* wide, broad
largeur *f.* width, breadth
laver to wash
   se — to wash oneself
leçon *f.* lesson
lecteur *m.* reader
lecture *f.* reading
léger, légère *adj.* light
lent, —e *adj.* slow
lettre *f.* letter

lever to raise
   se — to get up, to rise
librairie *f.* bookstore
libre, — *adj.* free
lien *m.* tie, bond
lier to tie, to bind
lieu *m.* place
   au — de instead of
   avoir — to take place
ligne *f.* line
liqueur *f.* liquor
lire to read
lisible, — *adj.* legible
livre *m.* book; *f.* pound
livrer to abandon; to hand over, to deliver
   — bataille to wage war
   se — à to engage in
logique, — *adj.* logical
loi *f.* law
loin *adv.* far away
   de — *adv.* from afar
   — de *prep.* far from
lointain, —e *adj.* far-off, distant
Londres London
long *m.* length
long, longue *adj.* long
longtemps *adv.* for a long time
lors *adv.* then
   — de *prep.* at the time of
lorsque *conj.* when
lourd, —e *adj.* heavy
lu, —e *p. p. of* lire
lumière *f.* light
lundi *m.* Monday
lune *f.* moon
luxe *m.* luxury
lycée *m.* high school

M

machine à calculer *f.* calculating machine, computer
machine à écrire *f.* typewriter
magasin *m.* store
magnifique, — *adj.* magnificent, wonderful
main *f.* hand
maint, —e *adj.* many a
maintenant *adv.* now
maintenir to maintain
mais *conj.* but
maison *f.* house
maître *m.* master; teacher
mal *m.* evil
mal *adv.* badly, poorly
malade *m./f.* patient
malade, —e *adj.* sick

maladie *f.* sickness, illness
malgré *prep.* in spite of
malheureux, malheureuse *adj.* unfortunate, unhappy
manger to eat
manière *f.* manner, way
manquer to miss; to lack; to be missing
manufacture *f.* factory
marbre *m.* marble
marchand, —e *m./f.* merchant, dealer
marche *f.* step (of a stairway)
marché *m.* market
  bon — *adj.* cheap
marcher to walk; to function, to work
mari *m.* husband
(se) marier (avec) to marry
marin *m.* sailor
marine *f.* navy
masse *f.* mass
mât *m.* mast
matin *m.* morning
mauvais, —e *adj.* bad
méconnaître to ignore, to disregard
médaille *f.* medal
médecin *m.* doctor
médicament *m.* medicine
(se) méfier (de) to distrust
meilleur, —e *adj.* better
  le —, la —e the best
mêler to mix; to join together
  se — to mingle
même *adj.* same, very; *adv.* even
  de — likewise
  de — que just as
  **soi— ** *pron.* oneself
mémoire *f.* (faculty of) memory
mener to take; to drive; to lead
menthe *f.* mint
mépris *m.* scorn, contempt
mépriser to despise; to scorn
mer *f.* sea
mercure *m.* mercury
mère *f.* mother
merveilleux, merveilleuse *adj.* marvelous, wonderful
mesure *f.* measure; moderation
  à — que as
  au fur et à — que as; in proportion as
mettre to put, to place
  se — à to begin, to start
Midi *m.* South (of France)
midi *m.* noon; south
mieux *adv.* better
  le — the best
milieu *m.* middle; environment
mille thousand
millénaire *m.* thousand years
milliard *m.* billion
millier *m.* about a thousand

minuit *m.* midnight
miroir *m.* mirror
mis, —e *p. p. of* **mettre**
misère *f.* misery, wretchedness
mode *f.* fashion
  à la — *adj.* fashionable
modérateur, modératrice *adj.* moderating
(le) moindre *adj.* (the) least
moins *adv.* less
  à — que unless
  au (or du) — at least
  — de fewer
mois *m.* month
monastère *m.* monastery
monde *m.* world; people
  tout le — everyone, everybody
mondial, —e *adj.* world, worldwide
monsieur *m.* mister, sir; gentleman
monstrueux, monstrueuse *adj.* monstrous
montagne *f.* mountain
monter to climb, to go up; to carry up
montre *f.* watch
montrer to show, to point out
(se) moquer (de) to mock, to make fun of
mort, —e *p. p. of* **mourir**; dead; dead person
mort *f.* death
mot *m.* word
mourir to die
moyen *m.* means; middle
moyen, moyenne *adj.* middle
  Moyen Age *m.* Middle Ages
mur *m.* wall
mûr, —e *adj.* ripe; mature
musée *m.* museum

N

nager to swim
naissance *f.* birth
naître to be born
navire *m.* ship
né, —e *p. p. of* **naître**
néanmoins *conj.* nevertheless
néant *m.* nothingness
nègre, — *n. m. & adj.* Negro
neige *f.* snow
neiger to snow
net, nette *adj.* neat, clear
neuf nine
neuf, neuve *adj.* new
ni . . . ni neither . . . nor
nier to deny
niveau *m.* level
Noël Christmas

noir, —e *adj.* black
nom *m.* name; noun
nombre *m.* number
nombreux, nombreuse *adj.* numerous
nommer to name
nord *m.* North
notamment *adv.* particularly, especially
nouveau (*or* **nouvel**) (*pl.* **nouveaux**), **nouvelle** *adj.* new
nouvelle *f.* (item of) news; *pl.* news
nuit *f.* night
nul, nulle *adj.* no, not one; void; *pron.* none, not one

O

obéir to obey
obéissance *f.* obedience; submission
obtenir to get, to obtain
occuper to occupy
   s'— de to bother with, to busy oneself with, to worry about
œil (*pl.* **yeux**) *m.* eye
œuvre *f.* work
offrir to offer
oiseau *m.* bird
ombre *f.* shade; shadow
omettre to omit
oncle *m.* uncle
onze eleven
opérer to operate, to work; to operate on; to bring about
or *m.* gold
or *conj.* now; but
orage *m.* storm
ordonner to order
oser to dare
ou *conj.* or
   — bien *conj.* or, or else
   — . . . — either . . . or
où *adv.* where
   — que wherever, no matter where
oublier to forget
ouest *m.* west
ouvert, —e *p. p. of* **ouvrir**
ouverture *f.* opening; beginning; overture
ouvrage *m.* work
ouvrier, ouvrière *m./f.* worker
ouvrir to open

P

pain *m.* bread
paisible, — *adj.* peaceful
paix *f.* peace

palais *m.* palace
pâle, — *adj.* pale, light
papier *m.* paper
par *prep.* by, through; per
   —dessous *adv.* below, under
   —dessus *adv.* above, over
   — suite *adv.* as a result
paraître to seem, to appear
   il paraît *impers.* there appear(s)
parc *m.* park
parce que *conj.* because
pardonner to forgive
pareil, pareille *adj.* alike, like, similar
parler to speak
parmi *prep.* among
part *f.* part, share, portion
   à — *adv.* apart, separately, aside
   d'autre — *adv.* on the other hand
partage *m.* division; share, portion; distribution
partager to divide; to share
parti *m.* (political) party; resolution, determination
   tirer — de to take full advantage of, to profit from
partie *f.* part; game; party (social affair)
partir to leave, to depart
   à — de ever since; from
partout *adv.* everywhere
paru, —e *p. p. of* **paraître**
parvenir (**à**) to arrive (at); to succeed (in)
pas *m.* step
passablement *adv.* quite a few
passé *m.* past
passer to pass; to spend (time)
   se — to happen, to take place
pâte *f.* paste
patrie *f.* country; fatherland
patron *m.* boss
pauvre, — *m./f.* poor person
pauvre, — *adj.* poor
payer to pay, to pay for
pays *m.* country
paysage *m.* countryside
paysan, paysanne *m./f. & adj.* peasant
(se) peigner to comb
peindre to paint
peine *f.* pain; affliction; difficulty
   à — *adv.* hardly, scarcely
peintre *m.* painter
peinture *f.* painting
pendant *prep.* for, during
   — que *conj.* while
pénétré, —e *adj.* convinced
pénétrer to pierce, to penetrate
pensée *f.* thought
penser to think

percer to pierce, to penetrate; to dig into

perdre to lose

père *m.* father

perfectionner to perfect

périlleux, périlleuse *adj.* perilous

permettre to permit, to let, to allow

personnage *m.* character (in a book, play, etc.)

personne *f.* person

    ne . . . — no one, nobody

personnel *m.* staff

personnel, personnelle *adj.* personal

petit, —e *adj.* small, little, short

peu (de) *adv.* few, little; not very

peuple *m.* people (nation); working class; populace; *pl.* peoples, nations

peur *f.* fear

    avoir — to fear, to be afraid

    de — que lest

peut-être *adv.* perhaps

phénicien, phénicienne *m./f.* Phoenician

philosophe *m.* philosopher

photographie *f.* photograph; photography

phrase *f.* sentence

pièce *f.* play; room; coin; piece

pied *m.* foot

pierre *f.* stone, rock

piéton *m.* pedestrian

pire *adj.* worse

    le —, la — the worst

pittoresque, — *adj.* picturesque

place *f.* place; square, plaza

plaindre to pity

    se — to complain

plaire (à) to please

plan *m.* plan, project; plane, flat surface

    sur le — de from the point of view of

plat, —e *adj.* flat

plateau *m.* tray; plateau

plâtre *m.* plaster

plein, —e *adj.* full

pleurer to cry, to weep

pleuvoir to rain

pluie *f.* rain

plume *f.* pen; feather

plupart *f.* majority

    la — de(s) most of, the majority of

plus (de) *adv.* more

    de — en — *adv.* more and more

    de — moreover, besides

    le —, la — the most

    ne . . . — no more; no longer

    non — neither, not either

plusieurs *adj. inv. & pron. inv.* several

plutôt (que) rather (than)

poète *m.* poet

poignée *f.* handful

point *adv.* not at all

    ne . . . — not at all

    — de . . . no . . . at all; absolutely no . . .

pôle *m.* pole

poli, —e *adj.* polite

policier *m.* policeman

politique *f.* politics

pont *m.* bridge

porcelaine *f.* china

port *m.* port, harbor

porte *f.* door

portée *f.* range, scope; consequences

porter to carry; to wear; to bring

poser to place, to put

    — une question to ask a question

posséder to possess

poste *m.* position, post; radio

poste *f.* post office

pot *m.* jug

pour *prep.* for, in order to

    — autant *adv.* nevertheless

    — que *conj.* so that, in order that

pourboire *m.* gratuity, tip

pourquoi *adv.* why

poursuivre to pursue

pourtant *adv.* however, nevertheless

pouvoir can, to be able

pouvoir *m.* power

pratique, — *adj.* practical

pratiquer to practice

précédent, —e previous; preceding

prêcher to preach

précis, —e *adj.* exact

prédire to predict

préférer to prefer

préjugé *m.* preconception

premier, première *adj.* first

prendre to take

(se) préoccuper to worry (oneself)

près *adv.* near, nearby

    — de *prep.* near

presque *adv.* almost, nearly

presser to press; to hurry (someone), to rush (someone)

    se — to hurry, to hasten; to rush together, to crowd

prêt *m.* loan

prêt, —e *adj.* ready

prétendre to pretend; to insist upon

prêter to lend

prévenir to warn

prévoir to foresee

printemps *m.* spring, springtime

pris, —e *p. p.* of **prendre**

prise *f.* capture, seizure

privé, —e *adj.* private

prix *m.* price; prize

procédé *m.* conduct; method, procedure; proceeding
procéder to proceed
prochain, —e *adj.* next; neighboring
proche, — *adj.* near
producteur, productrice *m./f.* producer
produire to produce
   se — to make itself known, to manifest itself, to happen
produit *m.* product
produit, —e *p. p. of* **produire**
profiter (de) to take advantage (of), to profit (from)
progrès *m.* progress
projet *m.* project, plan
promenade *f.* walk, stroll
   faire une — to take a walk
promener to take for a walk
   se — to (take a) walk
promeneur, promeneuse *m./f.* stroller, person walking
pronom *m.* pronoun
propos *m.* resolution; thought, design; words
   à — *adv.* opportunely
   à — de *prep.* concerning
propre, — *adj.* own; proper, clean
propreté *f.* cleanness
propriété *f.* property
prospère, — *adj.* favorable
prospérer to prosper
prouver to prove; to test
provenir to derive
pu *p. p. of* **pouvoir**
puis *conj.* then
puisque *conj.* since
puissance *f.* power
puissant, —e *adj.* powerful
punir to punish
pur, —e *adj.* pure

Q

quand *conj. & adv.* when
   depuis — how long
quant à *prep.* as to, as for
quart *m.* quarter; one fourth
quartier *m.* zone, quarter
quatorze fourteen
quatre four
que *conj.* that; than
   **ne . . . — ** only
quel, quelle *adj.* which, what
   — . . . que whatever . . . , no matter what . . .
quelque, — *adj.* some, a few
qui *pron.* who, whom

quiconque *pron.* whoever; anyone who
quitter to leave, to quit
quoi *pron.* what, which
   — que whatever, no matter what
quoique *conj.* although

R

raison *f.* reason; mind
   avoir — to be right
   en — de *prep.* in consideration of, because of
raisonnable, — *adj.* reasoning; reasonable
rappeler to call back
   se — to remember
rapport *m.* relationship; report
rare, — *adj.* rare, unusual
(se) raser to shave
rassembler to gather, to collect
ravage *m.* devastation
réaliser to accomplish, to achieve, to fulfill
rebelle *m./f.* rebel
rebelle, — *adj.* rebellious, stubborn
(se) rebeller to rebel
recevoir to receive
recherche *f.* search; research
recommandable, — *adj.* advisable
recommander to advise, to recommend
reconnaître to recognize
reconnu, —e *p. p. of* **reconnaître**
recouvrir to re-cover
reçu, —e *p. p. of* **recevoir**
redire to repeat
réduire to reduce
refaire to do over, to redo
réfléchir to reflect
regard *m.* look, glance; attention
regarder to look, to look at; to concern
régénérer to regenerate
règle *m.* rule
régler to rule; to regulate
règne *m.* reign
régner to rule, to reign
regretter to be sorry, to regret
régulièrement *adv.* steadily, regularly
reine *f.* queen
rejeter to reject; to throw back
rejoindre to rejoin
relief *m.* relief (as in sculpture); projection; vividness
relire to reread
remarquer to observe carefully; to notice
remède *m.* remedy
remédier to remedy

remettre to put back; to postpone; to hand over
remplacer to replace
remporter to carry away; to obtain
(se) rencontrer to meet
rendre to give, to give back; to render
   se — to go; to surrender; to render oneself
   se — compte to realize
renseignement *m.* information; (*pl.*) data
rentrer to return; to bring back
répandre to disperse
   se — to spread
repas *m.* meal
(se) repentir to repent
répéter to repeat
répétition *f.* repetition; rehearsal
répondre to answer, to respond
réponse *f.* answer
repos *m.* rest, repose
(se) reposer to rest
   se — sur to rely on
reprendre to take again; to take back; to recover; to resume, to continue
représentant, —e *m./f.* representative
représentation *f.* representation; performance
représenter to represent; to perform (a play)
   se — to imagine to oneself
réseau *m.* network, system
résoudre to solve; to resolve
ressembler (à) to resemble
restaurer to restore
reste *m.* rest, remainder
   au (*or* du) — *conj.* moreover
rester to stay, to remain
résultat *m.* result
résumé *m.* summary
résumer to sum up
retard *m.* delay
   en — *adv.* late
retenir to hold back, to detain
retourner to go back, to return
retrouver to find (again), to retrieve
réunion *f.* meeting, get-together
(se) réunir to meet, to get together
réussir to succeed
réussite *f.* success
rêve *m.* dream
revenir to come back, to return
rêver to dream
revoir to see again; to check
revue *f.* magazine
richesse *f.* wealth
ridiculiser to ridicule
rien *pron.* nothing, anything
   ne . . . — nothing, not anything

rire to laugh
rire *m.* laugh
risque *m.* chance, risk
rivalité *f.* rivalry
rivière *f.* river
robe *f.* dress
roi *m.* king
romain, —e *adj.* Roman
roman *m.* novel
romancier, romancière *m./f.* novelist
rond, —e *adj.* round
rose *f.* rose
rose, — *adj.* pink
rôtir to roast
rouge, — *adj.* red
route *f.* road, route
royaume *m.* realm, kingdom
rue *f.* street
Russe, — *m./f.* Russian (person)
russe, — *adj.* Russian

S

sac *m.* bag
sain, —e *adj.* healthy, healthful
saison *f.* season
sale, — *adj,* dirty
salle *f.* room, hall
   — de classe *f.* classroom
salon *m.* drawing room, living room
Salon *m.* annual Parisian art show
samedi *m.* Saturday
sans *prep.* without
santé *f.* health
satisfaire to satisfy
sauf *prep.* except
sauver to save
savant *m.* scholar, wise man; scientist
savoir to know, to know how
scène *f.* scene; stage
séance *f.* meeting
sec, sèche *adj.* dry
secours *m.* help
selon *prep.* according to
semaine *f.* week
semblable, — *adj.* similar, like
sembler to seem
sensible, — *adj.* sensitive
(se) sentir to feel; to sense
séparer to separate
   se — to part, to leave each other
sept seven
servir to serve
   — de to serve as
   se — de to use
seul, —e *adj.* only, sole, alone
si *conj.* if; *adv.* so, as

siècle *m.* century
situer to place, to situate
sœur *f.* sister
soi *pron.* oneself
  —même *pron.* oneself
soie *f.* silk
soif *f.* thirst
  avoir — to be thirsty
soin *m.* care
soir *m.* evening
soirée *f.* evening; evening party
sol *m.* soil, earth
soldat *m.* soldier
soleil *m.* sun
solennité *f.* solemnity
sombre, — *adj.* dark
sommeil *m.* sleep
  avoir — to be sleepy
sommet *m.* summit, top
son *m.* sound
sonner to ring
sorte *f.* sort, kind; manner, way
  de — que in such a way that
sortir to go out, to leave; to carry out, to take out
sot, sotte *m./f.* fool
sot, sotte *adj.* silly, foolish
(se) soucier de to care for, to worry about
souffert, —e *p. p. of* souffrir
souffle *m.* breath
souffler to blow
soufflet *m.* slap
souffleter to slap
souffrir to suffer
souhaiter to wish
soulagement *m.* relief, help, comfort
soumettre to subdue
  se — (à) to submit (to)
soupe *f.* soup
sourire to smile
sourire *m.* smile
sous *prep.* under
(se) souvenir de to remember
souvenir *m.* memory
souvent *adv.* often
spontané, —e *adj.* spontaneous
sport *m.* sports
  terrain de — *m.* playing field
su, —e *p. p. of* savoir
sud *m.* south
suffire to suffice, to be sufficient
suffisamment *adv.* sufficiently
suggérer to suggest
(se) suicider to commit suicide
suite *f.* following; succession; sequence; sequel; suite
  par — *adv.* as a result
  tout de — right away, immediately

suivant, —e *adj.* following; depending on
suivre to follow
sujet *m.* subject
supprimer to suppress
sur *prep.* on, upon, on top of
sûr, —e *adj.* sure, certain
  à coup — *adv.* certainly
sur-le-champ *adv.* immediately
surnommer to nickname
surprendre to surprise
surtout *adv.* especially, above all
surveiller to watch; to watch over
survenir to happen
survoler to fly over

T

tableau *m.* painting, picture
tache *f.* stain, spot; mark, imperfection
tâche *f.* task, job
(se) taire to keep quiet
talon *m.* heel
tandis que *conj.* while, whereas
tant (de) *adv.* so much, so many
  — que *conj.* as long as; as far as
tard *adv.* late
tasse *f.* cup
technique, — *adj.* technical
tel, telle *adj.* such, such a
  — que such as
témoigner to testify; to witness; to reveal
  — de to show, to manifest, to give proof of
tempête *f.* storm, tempest
temps *m.* time; weather
tendance *f.* tendency
tendu, —e *adj.* critical; tense
tenir to hold; to keep
  — à to insist on; to depend on
  — compte de to take into consideration
tentative *f.* attempt
tenter to try, to attempt; to tempt
terminer to finish
terrain *m.* terrain, field
  — de sport *m.* playing field
terrasse *f.* terrace
terre *f.* land, earth, world
thé *m.* tea
thèse *f.* thesis
tirer to pull; to shoot
tissu *m.* material, cloth, fabric
titre *m.* title
toile *f.* linen; canvas
tombeau *m.* trave; tombstone
tomber to fall; to drop

tonne *f.* ton
tort *m.* wrong, harm, injury
  avoir — to be wrong, to be mistaken
tôt *adv.* early, soon
toucher to touch
  — au but to reach one's goal
toujours *adv.* always; still, yet
tour *m.* turn; tour
  faire le — de to tour; to go around
    (the circumference of)
  — à — *adv.* consecutively, in turn,
    one after the other
tour *f.* tower
tous, toutes *pron.* all
tout *m.* everything
tout (*pl.* tous), toute *adj.* all, every
  tous (toutes) les deux both
  tout à coup *adv.* suddenly
  tout à l'heure *adv.* in a little while;
    right away
toutefois *conj.* yet, nevertheless
traduction *f.* translation
traduire to translate
trahir to betray
traité *m.* treaty; treatise
traiter de to deal (with), to treat (of)
transmettre to transmit, to send
travail (*pl.* travaux) *m.* work
travailler to work
trésor *m.* treasure
tribu *f.* tribe
tribut *m.* tribute
triste, — *adj.* sad; unfortunate
trois three
troisième third
tromper to mislead, to deceive
  se — to make a mistake, to be mis-
    taken
trop *adv.* too
  — de *adv.* too much, too many
trouver to find
  se — to be, to be located
  il se trouve que it happens that
tuer to kill
tuyau *m.* pipe
tyran *m.* tyrant

U

unir to unite, to join; to unify
unité *f.* unit; unity
urbaniste *m.* city planner
urgence *f.* urgency
  d'— *adv.* urgently
usage *m.* use; usage
user to use up; to wear out

usine *f.* factory
utile, — *adj.* useful

V

vacances *f. pl.* vacation
  en — on vacation
vaincre to conquer
vainqueur *m.* conqueror, victor
valeur *f.* value; valor
valoir to be worth
vécu *p. p. of* vivre
véhicule *m.* vehicle
vendre to sell
vendredi *m.* Friday
venir to come
  — de + *inf.* to have just (done some-
    thing)
vent *m.* wind
venu, —e *p. p. of* venir
vérifier to check
vérité *f.* truth
verre *m.* glass
vers *m.* verse, line of poetry
vers *prep.* toward; about, around (with
  time)
vert, —e *adj.* green
vertu *f.* virtue
vêtement *m.* garment; *pl.* clothes
vêtir to dress, to clothe
  se — to dress oneself
viande *f.* meat
victoire *f.* victory
vide, — *adj.* empty
vie *f.* life
vieillesse *f.* old age
vieux (or vieil) (*pl.* vieux), vieille
  adj. old
ville *f.* city, town
vin *m.* wine
vingt twenty
violon *m.* violin
vite *adv.* fast, quickly
vitrail (*pl.* vitraux) *m.* stained glass;
  stained-glass window
vivant, —e *adj.* living, alive
vivre to live
voici here is, here are
voilà there is, there are
voir to see
voisin, —e *m./f.* neighbor
voisin, —e *adj.* neighboring, adjoining
voiture *f.* car
voix *f.* voice
vol *m.* flight; theft
voler to steal; to fly
voleur *m.* thief

volontaire, — *adj.* voluntary; willful, determined
vouloir to want
  — dire to mean
vouloir *m.* will; intention
voulu, —e *p. p. of* **vouloir**
voûte *f.* arch, vault
voyage *m.* journey, trip
  faire un — to take a trip
vrai, —e *adj.* true, real
vraisemblable, — *adj.* probable, likely

vu, —e *p. p. of* **voir**
vu *prep.* considering
  — que because, since

Y

y *adv.* there; *pron. inv.* to (at, in, *etc.*) it, them
  il — a there is, there are
yeux *see* **œil**